自分と家族の

認知症の介護と手続き

名医が教える最善の進め方Q&A大全

名城大学特任教授
遠藤英俊 著

文響社

はじめに

みなさんは、認知症について正しく知っていますか？
認知症は、どんな病気なのか。
発症すると、どのような経過をたどるのか。
認知症介護には、どのような準備が必要なのか。
介護の費用や期間はどのくらいかかるのか。
認知症になった人に、どう接していけばいいのか。

私は、医師として40年以上も認知症診療に携わってきました。２０１９年までは国立長寿医療研究センターでセンター長を務め、退職してからは愛知県稲沢市でいのくちファミリークリニックを開院し、老年病・認知症の専門医として、認知症の人やそのご家族の診療や相談を行っています。

日々の診療の中でよく聞かれるのが、「認知症にだけはなりたくない」という声です。「認知症になったら治らない」「家族さえわからなくなってしまう」「もう人生おしまい」……。認知症には、そうしたネガティブなイメージが根強くあります。

認知症人口の将来的な推計

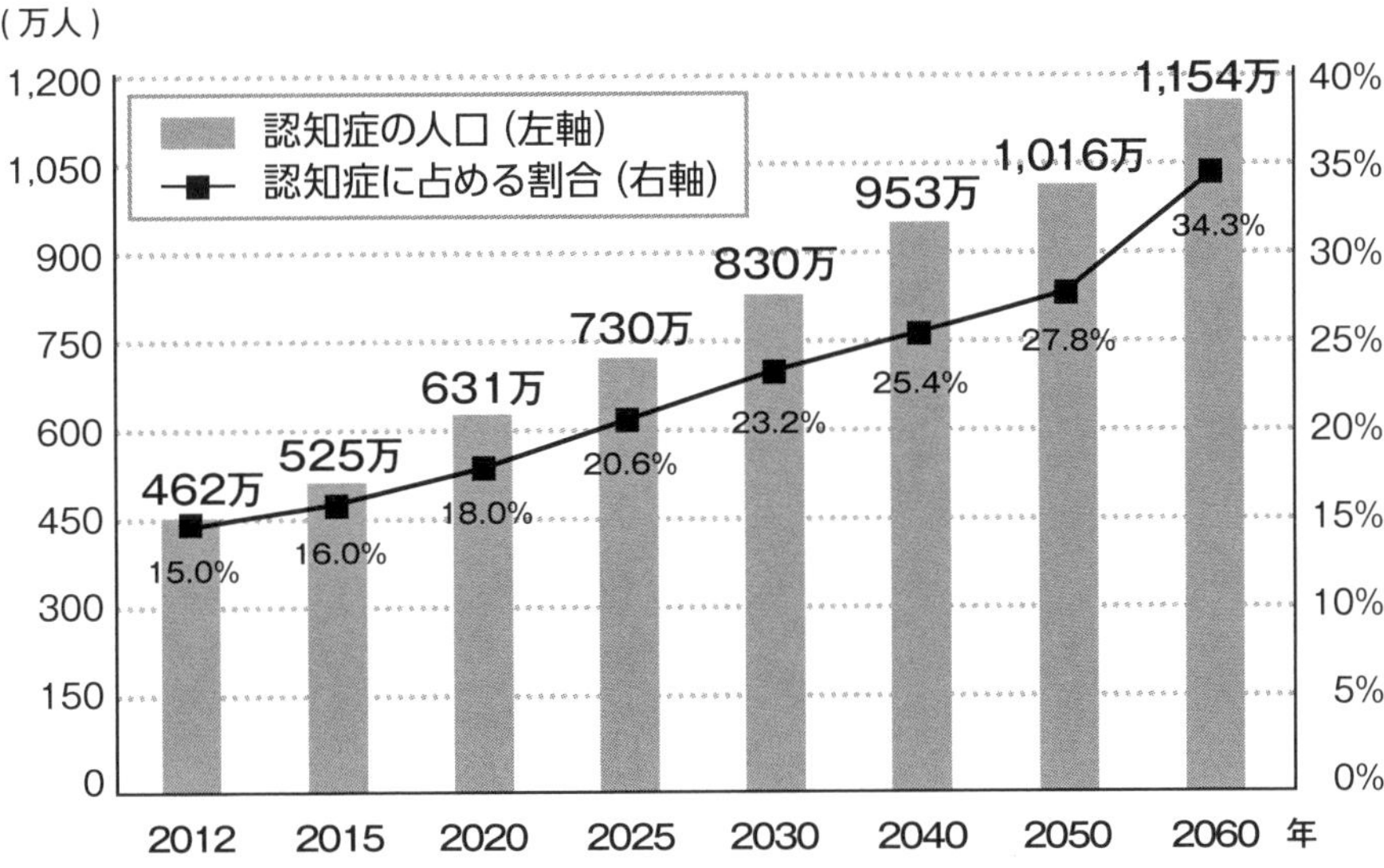

※各年齢の認知症有病率が上昇する場合の将来推計

出典：認知症施策推進総合戦略（新オレンジプラン）～認知症高齢者等にやさしい地域づくりに向けて～の概要（厚生労働省）をもとに作成

事実、認知症と診断されると、ご本人もご家族も大きなショックを受けてしまいます。２０２１年に保険会社が行った調査では、認知症は「なりたくない病気１位」となっています。厚生労働省の調査によれば、認知症は要介護になる原因の第１位でもあります。

超高齢社会を迎えた日本では、認知症の方が右肩上がりで増えています。２０２５年には７３０万人を超えると見込まれていて、65歳以上の高齢者の５人に１人が認知症になるといわれています。

認知症は誰にとっても他人事ではなく、誰でも発症しうる当たり前の病気になりつつあるのです。

私のクリニックに来院する認知症の人やご家族の中にも、介護ストレスに悩み、家族に憎しみを抱いたり、つらい心の内を吐露して涙したりする人があとを絶ちません。２０２０年から始まったコロナ禍の影響で、介護家庭が孤立し、介護ストレスのために虐待件数が増え、痛ましい介護殺人が起こったことも報告されています。

しかし、認知症の医療や介護サービスは日進月歩で発展しています。認知症になるとご本人も家族も苦しむことがあるのは事実ですが、適切に、医療的な対応をしたり介護環境を整えたりすれば、多くの困りごとは解決します。「認知症は不幸になる病気」ではありません。認知症は、ならないように予防する病気であると同時に、発症しても大丈夫なように「備える病気」でもあります。

認知症に備え、医療や介護サービスを上手に利用して、認知症と幸せに共存し、発症後も自分らしく生きている人がたくさんいるのです。


「今こそ、認知症について正しい知識を身につけてほしい」

そう思ったのが、本書を執筆したきっかけです。

認知症の実態や予防法、介護保険サービスの使い方、介護の悩みへの対応など、最新の知見に基づいた認知症の情報を1問1答でわかりやすく説明していきます。

本書が認知症の人とご家族の不安を除き、幸せな人生を送る一助になることを願っています。

名城大学特任教授　いのくちファミリークリニック院長
遠藤英俊（えんどうひでとし）

目次

第7章　在宅で認知症介護をする人の悩みに答える！場面別Q＆A ……159

序章

アレ? なんか変!

こんな症状があったら認知症?

心配なもの忘れかどうかわかる

ケース別診察室

今日は何日だっけ？
1月26日よ
5分後
今日は何日だっけ？
え？さっきいったばっかりじゃない
アレッ!?
お母さんもしかしたら認知症なのかしら……

ということがあったんです
認知症が始まっているのかもしれませんね
遠藤英俊・認知症専門医

実は認知症ではわずか数分前のことも記憶に残らなくなってしまうんです
そんなに!?

実は……最近あたしも心配で
ときどき2階に行ったときに何をしにきたか忘れてしまうことがあるんです

そのあと何をするか思い出せますか？
はい

それならまだ認知症ではありません
疲れていたり忙しかったりするとそういうことはありますよ
ホッ

次のページからこんな症状は**認知症か認知症でないか**お悩みに答えていきましょう

ケース1

相談 前に買ったことを忘れて同じ本を買っていました。これは認知症でしょうか?

私は昔から読書が趣味です。最近、家の本棚を見たら、同じ本を買っていたことに気づきました。

以前、「面白そうだ」と思って買ったのですが、結局、読んでいなかった本です。

昔もそういうことはたまにあったのですが、年々増えているように思います。私も70歳を過ぎたので、このまま認知症になってしまうのではないかと心配です。

（73歳・男性）

遠藤先生の回答

現段階では、認知症の心配はあまりないと思われますが、感銘を受けた本を忘れていたら心配です。

年を取ると、多かれ少なかれもの忘れが増えてきます。もの忘れが加齢によるものか、認知症によるものか心配になってしまうものですが、こうしたケースは、読書習慣があれば多くの人が経験したことがあるのではないでしょうか。たまに起こる程度であれば、生理的なもの忘れです。今のところあまり心配はないでしょう。

読書家の方は、買った本を読まずに置いておく「積ん読」状態になっていたり、少し読んでそのままだったりということがあるかと思います。印象の薄い本であれば、忘れてしまうのも無理もないことです。読み進めていくうちに、「あれ、これは読んだことがある」と気づくことは、健康な人でもあります。

ただ、以前、しっかりと読んで「とても感銘を受けた」「すごく感動した」という本であれば、心配です。そうした本を覚えていなかったのであれば、認知症の前段階である軽度認知障害（MCI）が疑われます。感情に紐づけされた記憶は、失われにくいものです。その場合は、かかりつけ医や認知症の専門医に相談するといいでしょう。

ケース2

相談 将棋が好きだった父が、最近、やらなくなっています。認知症でしょうか？

70代の父は昔から将棋が趣味で、定年退職後も地域の将棋サークルで対局するなどして楽しんでいたのですが、数ヵ月前からサークルに行かなくなりました。

私が「将棋でも指そうか」と誘っても、やろうとしません。そのせいか外出もあまりしていないようです。今まであんなに好きだった将棋をやらなくなってしまうなんて、心配です。心なしか、最近は元気がないように思えます。もしかしたら認知症が始まってしまったのでしょうか。

（50歳・男性）

遠藤先生の回答

「生きがい」のような趣味をしなくなったら、認知症が始まっているのかもしれません。

今まで好きだった趣味をやらなくなったときは、いくつかの原因が考えられます。もちろん、単に「気が乗らない」ということもあるでしょう。しかし、気まぐれに始めたような趣味ならともかく、長年楽しんでいた生きがいともいえるような趣味をやめ、それが長期に及ぶ場合は、認知症の可能性があります。

将棋の対局をするときは、相手の出方を考えながら2手3手先の戦略を考えるなど、非常に複雑で高度な脳の働きを要します。お父さまは、そうした高度な思考が難しくなり、将棋を指せなくなっているのかもしれません。

また、老人性のうつ病でも、脳の司令塔である前頭前野の働きが低下して同じように複雑な思考が苦手になります。

今まで好きだったこと、特に生きがいのように楽しんでいたことができなくなるのは、本人としてはとてもつらいと思います。周囲の家族としては、安心させるように接してほしいと思います。

ケース3

相談 温厚な性格だった夫が、人が変わったように怒るようになりました。

夫は、20代のころに結婚してから、声を荒立てて怒ることがない温厚な人でした。それが先日、私が外出している間に「お皿を洗っておいて」とお願いしたのですが、帰宅してみると洗っていません。つい夫に「洗っておいてといったのに」というと、「そんなことは聞いていない!」と烈火のごとく怒りだしたのです。

最近、いったことを忘れていることがあったり、イライラしたりしていて、人が変わったようです。これは認知症の症状でしょうか。

（74歳・女性）

遠藤先生の回答

もの忘れが増えたとともに激怒するようになったときは、認知症が疑われます。

認知症の中で最も多いアルツハイマー型認知症を発症すると、数分前に見聞きしたことさえ記憶に残りにくくなります。このご相談の場合、奥さんから皿洗いを頼まれた記憶がなく、ご本人にとっては覚えのないことで責められた形になったため、思わず激怒してしまった可能性があります。

また、認知症のごく初期には、ご本人も自分の状態について「何かがおかしい」と感じているものです。そうなると、不安や孤独感に苛（さいな）まれ、ささいなことでも自尊心が深く傷ついてしまいます。そのせいで激怒してしまったとも考えられます。

もう一つ考えられるのは、前頭側頭型認知症です。これは、理性や抑制を司る前頭葉と側頭葉が萎縮（いしゅく）するタイプの認知症で、怒りっぽくなったり、反社会的な行動を取ったりする症状が現れます。

こうしたことから、一度、かかりつけ医や認知症の専門医に相談してみるといいでしょう。

ケース4

相談 夫がよく運転中に車をぶつけるようになり、事故を起こさないか心配です。

　最近、夫が運転中に車をよくぶつけるようになったようで、ときどき車体を見るとこすったあとがあります。助手席に乗っていても、以前より運転が荒くなったように感じます。心配なので、運転をやめてもらうようにいうと、「買い物はどうするんだ！」と、とても怒ります。

　最近、ニュースで高齢ドライバーが起こした事故が報道されているので、いつか事故を起こしてしまうのではないかと心配です。認知症が始まった可能性はあるでしょうか。

（78歳・女性）

遠藤先生の回答

認知症を発症していないまでも、認知機能が低下している可能性はあります。

車の運転は、車間距離や歩行者との距離を把握したり、ハンドル操作をしながらアクセルを踏んだりと高度な認知機能を要します。そのため、認知症と診断されると運転免許証は取り消しになります。もし、車体をこすることが増えたら、認知症を発症する前の段階であっても認知機能が低下している可能性は十分にあります。事故を起こす前に運転免許証を自主返納したほうがいいかもしれません。

ただ、車を愛用してきた方が車を手放すのは、とても自尊心が傷つくことです。また、地域によっては車がないと買い物や病院への通院が不便になることもあります。自主返納を促すときは、ご本人の自尊心を傷つけないように配慮し、ほかの移動手段も考えておくようにしましょう。家族が説得しても運転をやめてもらえない場合は、本人が信頼しているかかりつけ医からすすめてもらうのもいい方法です。なお、運転免許証を自主返納すると、「運転経歴証明書」が発行されます。これは、身分証明書として使えるだけでなく、地域ごとにタクシー代の割引などさまざまな特典が受けられます。

ケース5

相談

まだ50代なのですが、約束のど忘れや仕事のミスが増えました。もしかしたら認知症？

私は50代後半です。半年前に部署異動があってから、頭がボーッとして約束を忘れてしまったりミスをしたりすることが増えました。まさか、認知症が始まったのでしょうか。

（57歳・男性）

遠藤先生の回答

部署異動による仕事のストレスが原因で認知症ではないと思われます。まずは休息を取ることが大切です。

このケースは、ストレスと疲労によるもの忘れで、認知症の可能性は低いと思います。仕事の環境が変わり多忙になったことで脳のエネルギーが不足し、もの忘れが増えたり、仕事でミスしたりするようになったのでしょう。とはいえ、こうした状態を放置しておくとうつ症状を招くことがあるので、まずは休養が大切です。症状が治まらなければ、一定期間の休職をしたり、心療内科で薬を処方してもらったりすることが必要かもしれません。

ケース6

相談

帰省したときに食べた母の料理の味つけがおかしく、心配になりました。

久しぶりに実家に帰省したとき、母の料理の味つけがどれも濃く味がおかしかったのです。指摘しても母は「そうかな?」と首をかしげるばかり。これは認知症でしょうか。

(55歳・男性)

遠藤先生の回答

味覚の変化は初期の認知症のサインです。嗅覚や味覚を司る脳の部分が障害を受けている疑いがあります。

調理のミスではなく、何度もあるようであれば、アルツハイマー型認知症を発症している疑いがあります。アルツハイマー型認知症は、脳の奥にある「海馬(かいば)」という部位から障害されていくのですが、この近くには嗅覚(きゅう)に関係する部位があります。そのため、認知症を発症するとこの部位にも障害が及び、認知症のごく初期からにおいに鈍感になって味覚にも異常が現れます。こうした理由で、料理の味つけがおかしくなるのです。

ケース7

相談

認知症と診断された父が、難しい専門書を読んでいます。本当に認知症？

工学部の大学教授をしていた父は、87歳で認知症と診断されました。父は数分前に食事をしたことも忘れますが、自室では物理の専門書を読んでいます。本当に認知症でしょうか。（60歳・女性）

遠藤先生の回答

長年培ってきた能力は、認知症が進んでも残ることがあります。専門書を読めても不思議ではありません。

認知症の症状の現れ方は人それぞれです。認知症で失われやすい能力と失われにくい能力があり、長年、その人が培ってきた能力は認知症が進んでも残る傾向があります。実際、認知症のために1分前のことを覚えていられなくても、大工さんは工具の扱いに長けていますし、料理が得意だった人は包丁の扱いがうまいものです。難しい専門書でも、専門家はスラスラと読めるもの。十分にありうることです。

ケース8

相談

母がケガをして入院したときに、一時的に娘の私のことがわからなくなりました。

80歳の母が自転車で転んで入院しました。病院に行くと、私を見ても誰だかわからないようでした。驚いたのですが、2日後にはもとに戻りました。これは認知症ですか?

(60歳・女性)

遠藤先生の回答

認知症ではなく、意識障害の一種である「せん妄」を起こしていたのだと思われます。

高齢者に多い「せん妄」とは、時間や場所、人が正しく認識しづらくなる症状(見当識障害という)や、注意力・思考力が低下する症状を引き起こす意識障害の一種です。入院で環境が急に変わったり健康状態が急に悪化したりしたときに起こります。症状が認知症と似ているため混同されることがありますが、認知症はほぼ永久的に症状が続くのに対し、せん妄は数時間から数日間で回復します。

第1章

認知症の誤解が解ける!

認知症の正しい知識が身につく

Q&A

Q1 ～ 15

「発症したら人生終わり」は間違い！正しい理解が認知症への備えの第一歩

認知症になったら
もう治ることはないし
何もかもわからなくなって
亡くなってしまうん
ですよね
どうしたら
いいか……
そんなことは
ないですよ
え？
今は治療やケアが
進んでいますから
中には進行を
抑えられて
軽度のまま維持
できる人もいます
そうなん
ですか？
認知症と診断されても
自立して働いている
人もいます
認知症に
なっても
働けるん
ですか？
認知症ほど
誤解されている
病気はないかも
しれません
認知症に
備えるには
何より
正しく理解する
ことが第一歩です
先生
認知症について
教えてください！

Q1 そもそも認知症とはどんな病気ですか？

A 脳の病気や障害などが原因で認知機能が低下し、生活に支障が出てくる状態をいう。

みなさんの中には、**「認知症」**という言葉を病名だと思っている人が多いのではないでしょうか。実は、そうではありません。**認知症は、なんらかの原因で記憶障害をはじめ認知機能が後天的に障害を受けた結果、生活に支障をきたしている「状態」を指す言葉です。**

認知機能とは、記憶や思考、判断、言語、学習、計算、見当識（時間や場所、人を認識する機能）など、自立した生活を送るためのさまざまな脳の働きをいいます。認知機能が低下すると、記憶したり、物事を認識したり、判断したりすることが苦手になってきます。**大切なのは、症状の程度ではなく、日常生活に支障をきたしているかどうかです。**症状があっても、日常生活に支障がなければ認知症とは診断されません。

また、症状が一過性ではなく継続していること、意識障害がないことも認知症の状態を示すうえで重要な要素です。

認知症のくわしい診断基準については、3章のQ31（79ページ）で紹介しているので、ご参照ください。

認知症とは

- なんらかの原因で、記憶障害をはじめとした**認知機能が後天的に障害を受けた結果、日常生活や仕事などに支障をきたしている状態**
- **症状が一過性ではなく継続している**
- **意識障害がない**

Q2 認知症は記憶を失い、家族すら忘れてしまう病気なんですよね？

A 記憶障害だけでなく、見当識障害をはじめとしたさまざまな症状が現れる。

認知症というと、「人や物の名前が思い出せない」「家族のことがわからない」といったイメージが強いせいか**「記憶が失われる病気」**だと考えている人が多いのではないでしょうか。

確かに、認知症の大半を占めるアルツハイマー型認知症は短期記憶を担う脳の**海馬**（かいば）という部位が障害され、初期のうちから**記憶障害**が顕著に現れます。しかし、アルツハイマー型認知症による記憶障害は、もの覚えが悪くなったり、最近の記憶が失われたりするものの、過去の記憶は失われにくいという特徴があります。認知症が進んでも、小学校のときの校歌が歌えたり、クラスの友達のことを覚えていたりする人はたくさんいます。

また、自転車の乗り方のような過去に体で覚えた手順ややり方の記憶（手続き記憶という）も、失われにくい傾向があります。このように、**認知症では記憶障害が現れますが、何もかも忘れてしまう病気ではないのです。**

では、質問にあるように、「家族を忘れてしまう」ようなケースは、どうなのでしょうか。

認知症の症状は記憶障害だけではありません。認知症の代表的な症状の一つに、**「見当識障害」**と呼ばれる症状があります。これは、「今がいつか」「ここはどこか」「この人は誰か」といったように、時間・場所・人の認識があいまいになる症状です。また、認知症が進むと、**「失認」**といって見聞きした物事を正しく認識することが苦手になる症状も現れます。家族のことがわからないケースは、こうした症状のために目の前の家族を正しく認識できなくなっている可能性も考えられます。

記憶障害や見当識障害のように、脳の障害が直接の引き金となって起こる症状を「中核症状」といいます。

中核症状には、段取りを組んだり計画を立てたりして物事を実行するのが困難になる**「実行機能障害」**、着替えや道具の使い方など一度習得した動作が難しくなる**「失**

認知症の中核症状と行動・心理症状

脳が萎縮

中核症状

記憶障害　見当識障害　実行機能障害
判断力の低下　失認　失行　失語　失計算

環境や精神状態が影響

行動・心理症状（BPSD）

不安　抑うつ　徘徊（1人歩き）　妄想　睡眠障害
暴言・暴力　介護への抵抗　帰宅願望　失禁・弄便
幻覚・錯視　異食　せん妄　収集癖ほか

行」、計算が苦手になる「失計算」、言葉を発したり理解したりするのが難しくなる「失語」などがあります。

また、**中核症状の悪影響が精神状態や行動に及ぶために起こる二次的な症状を「行動・心理症状（BPSD）」といいます。**例えば、介護をする家族で悩む人が多いのが**徘徊**です。徘徊は家から出てうろうろと歩き回る症状で、外出した途中で見当識障害が起こり、自分が今どこにいるかわからなくなって起こるケースが多いと考えられています。

行動・心理症状には、そのほかにも起こっていないことを現実と思い込む「妄想」、入浴や着替えのさいに介護者の手を振り払ったり暴力的な言葉を吐いたりする「介護への抵抗」、手についた便を壁やタオルにこすりつけたり排せつ物をいじったりしてしまう「弄便」、食品でない物を口に入れてしまう「異食」、いろいろな物を集めてしまう「収集癖」などがあります。

以上のように、**認知症は、記憶障害にかぎらずさまざまな症状があります。「忘れてしまった」「わからなくなった」と考えるだけでなく、生活のどんな場面に不便が生じているのかを注意深く理解することが大切です。**

3 認知症は何もかもわからなくなる怖い病気なのですか？

A それは誤解。発症しても大半は進行がゆっくりで、感情や心は最期まで残る。

以前はテレビや雑誌で認知症が取り上げられると、病状が進行し、つらい状況下にある患者さんやそのご家族がクローズアップされることが多々ありました。近年も介護疲れの果ての虐待や殺人など、悲惨な事件が報道されることも少なくありません。そのせいか、**「認知症は何もかもわからなくなる怖い病気だ」という認識を持つ人は、いまだにたくさんいます。**

これは大きな誤解です。認知症と診断されたからといって、何もかもわからなくなるわけではありません。「認知症になって何もわからなくなれば、本人はらくなもの」という話もよく聞きますが、これも誤りです。

認知症の代表格であるアルツハイマー型認知症は、発症すると記憶したり認識したりすることは苦手になっていきますが、感情が失われていくわけではありません。**認知症の人は、できることが徐々に減っていることを感じ、自分が壊れていくような怯えと不安を抱えています。その間、自分が周囲に迷惑をかけていることや、周囲からどう見られているか、どう扱われているかを敏感に感じ取り、混乱を覚えながら生活しています。**

近年、認知症を発症した当事者の会などを通じ、当事者の気持ちや声が発信されるようになりました。特に注目を集めたのが、日本の認知症研究の第一人者で私の高校の先輩でもある長谷川和夫先生です。長谷川先生は、２０１７年、88歳のときに、認知症を発症しましたが、認知症になりながらも、自身の状態を書籍に記したり、テレビに出演して情報を発信したりして、２０２１年にお亡くなりになるまで、認知症であっても心は豊かに生きていることを伝えてきました。

地域の中で認知症の人が働ける場所を作る取り組みも行われています。**認知症になっても、1人の人間として尊重し、適切なケアを心がければ、最期までその人らしい人生を送ることができるのです。**

Q4 認知症になったら数年以内に亡くなると聞きました。本当ですか？

A 進行速度は個人差があり、あまり進行せずに10年以上生存する人も少なくない。

認知症の病状が進行し、終末期になると、寝たきりになり、食事が思うようにとれなくなってきます。その結果、衰弱したり、飲み込む力が低下して誤嚥(ごえん)性肺炎を起こしたりして最期を迎えるケースが多く見られます。

認知症の進行速度には個人差があり、認知症のタイプによっても違ってきます。1～2年寝たきりになり亡くなってしまう人もいれば、発症後もあまり進行せず、10年以上生きられる人もいます。

認知症と診断されたあとの生存期間にかんする研究は国内外でいくつか報告があります。例えば、公益社団法人「認知症の人と家族の会」の調査では、認知症の介護年数は平均で6～7年と報告されています。米国の60歳以上を対象とした調査では、認知症と診断された時点からの生存期間の中央値は、男性が4・2年、女性は5・7年でした。

日本でよく知られている久山町研究では、診断されてからの10年生存率はアルツハイマー型認知症で18・9%、脳血管性認知症で13・2%、レビー小体型認知症では2・2%という結果が得られており、アルツハイマー型認知症の場合は6人に1人以上は診断から10年以上生存することになります。

大切なのは、認知症と診断されたあとの残りの人生をどのように送りたいかを考えることです。現在、厚生労働省は、健康なうちから終末期にどんな治療を受け、何を大切にして過ごしたいかを、本人と家族、かかりつけ医、介護職と話し合う「人生会議」を行うことを推奨しています。人生会議は、海外ではACP（アドバンス・ケア・プランニング）の愛称で普及しており、これを行って本人の意思を介護や終末期の医療に反映させることをめざすものです。認知症になったあとでも、最期まで自分らしい生活を送れるように備えることが求められています。

Q5 認知症の原因となる病気には、どんなものがありますか？

A 70種以上あり、アルツハイマー型認知症や脳血管性認知症などの4大認知症が代表的。

認知症の原因となる病気は、70種類以上もあるといわれています。最も多いのは、脳が萎縮（いしゅく）して起こる「**アルツハイマー型認知症**」です。次いで、脳神経に異常なたんぱく質が蓄積して起こる「**レビー小体型認知症**」、脳出血や脳梗塞（こうそく）などの脳卒中が引き金になって発症する「**脳血管性認知症**」、前頭前野と側頭葉の萎縮が原因の「**前頭側頭型認知症**」などがあり、これらを4大認知症といいます。4大認知症については、次の質問からくわしく説明していきましょう。

ほかにも、頭部を打って血液の塊が脳にたまって起こる「**慢性硬膜下血（けっ）腫（しゅ）**」や、脳の中の髄液（ずいえき）という液体が必要以上にたまって脳を圧迫する「**正常圧水頭症**」、「**甲状腺（こうじょうせん）機能障害**」などの病気でも認知症の症状が現れます。また、**ビタミンB群の欠乏**、**脳腫瘍（しゅよう）**、**アルコール中毒**、**薬の副作用**で、認知機能が低下することもあります。

4大認知症の割合

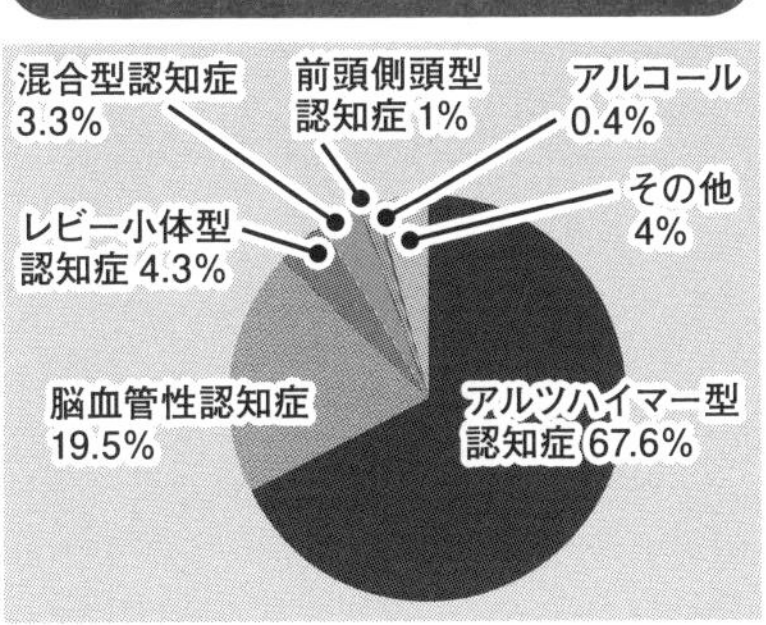

認知症の原因となる病気

- **神経変性疾患**
  アルツハイマー型認知症、前頭側頭型認知症、ハンチントン病、進行性核上性麻痺など
- **脳血管障害**
  脳梗塞（塞栓または血栓）、脳出血など
- **外傷性疾患**
  脳挫傷、脳内出血、慢性硬膜下血腫など
- **腫瘍性疾患**
  脳腫瘍（原発性、転移性）、癌性髄膜炎など
- **感染性疾患**
  髄膜炎、脳炎、脳膿瘍、進行麻痺、クロイツフェルト・ヤコブ病など
- **内分泌・代謝性中毒性疾患**
  ウェルニッケ脳症、ビタミンB_{12}欠乏症、電解質異常、脱水、甲状腺機能低下症など
- **中毒性疾患**
  薬物中毒（向精神薬など）、アルコール脳症、一酸化炭素中毒など
- **その他**
  正常圧水頭症、低酸素脳症など

グラフの出典：『都市部における認知症有病率と認知症の生活機能障害への対応』（筑波大学附属病院精神神経科）をもとに作成

6 「アルツハイマー型認知症」とはどんな病気ですか？

A 認知症の原因の約7割を占める病気で、記憶障害が顕著に現れる。

アルツハイマー型認知症は、認知症の原因疾患として最も多く見られる病気で、全体の67・6％を占めています。65歳以上の高齢者の発症が多く、男女比では女性に多いといわれています。

アルツハイマー型認知症では、まず、脳の神経細胞に**アミロイドβ**と呼ばれるたんぱく質が蓄積して「老人斑」というシミのようなものが生じます。このとき、神経細胞の内側には**タウたんぱく**という物質が糸くず状になって蓄積される**「神経原線維変化」**が起こります。これらの結果、主に短期記憶を司る**海馬**という部位から神経細胞が萎縮して、神経の情報伝達物質が減少しアルツハイマー型認知症の発症にいたるのです。

アルツハイマー型認知症は、初期のうちから記憶障害や見当識障害（時間や場所、人の認識があいまいになる症状）が現れ、同じ話を何度もくり返したり、人の名前が出てこなくなったり、もの覚えが悪くなったりします。誰かに財布を盗られたと思い込む**「物盗られ妄想」**も早い段階で見られます。

脳の萎縮が進んで後期になると、「着替えが苦手になる」「道具が使えなくなる」「読み書き計算が苦手になる」といった症状が現れます。言葉を発したり理解したりすることも難しくなり、運動機能も低下して動作がゆっくりになります。

そして、会話がなりたたなくなり、最終的には身体機能が低下して寝たきりになります。

アルツハイマー型認知症の原因は、くわしく解明されていませんが、加齢や高血圧・糖尿病などの生活習慣病、心臓病との関連が指摘されています。最近では、症状の現れない微小な脳梗塞（ラクナ梗塞という）による血流障害があると、脳細胞の萎縮が進みやすくなり、アルツハイマー型認知症の発症率を高める一因になっているといわれています。

アルツハイマー型認知症とは

発症のしくみ

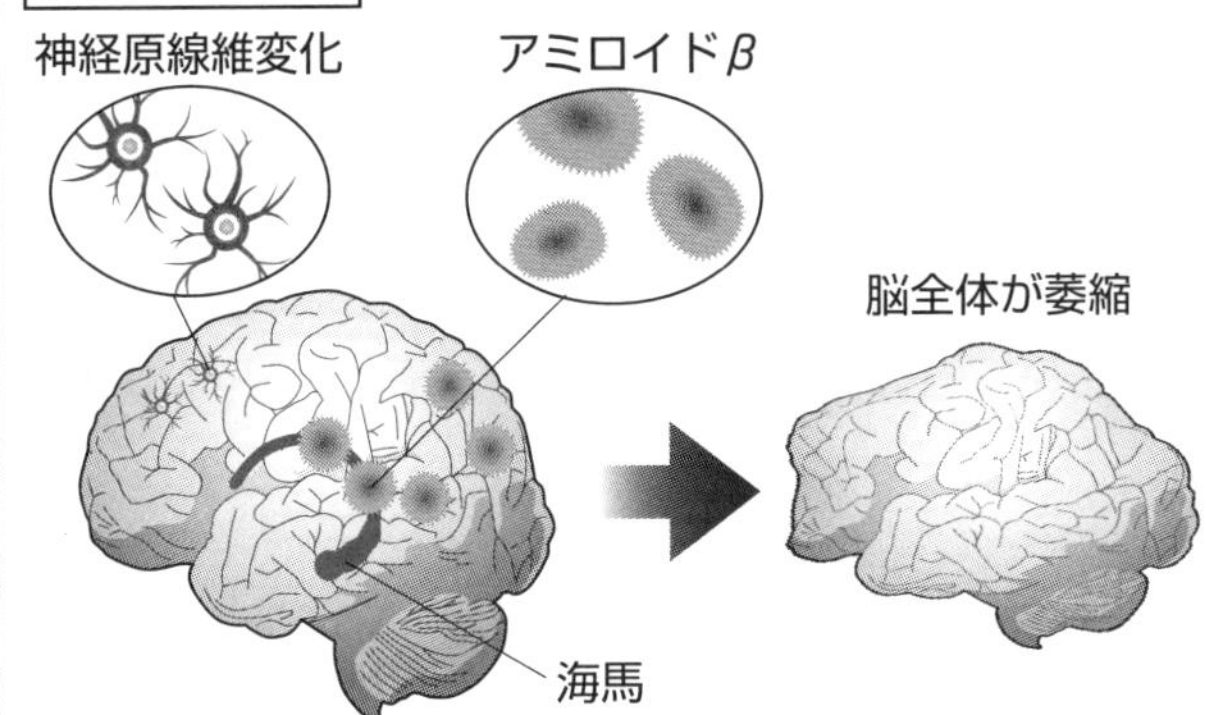

脳の神経細胞にアミロイドβと呼ばれるたんぱく質が蓄積したり、神経原線維変化が起こったりして、海馬という部位から脳の全体が萎縮して発症する。

65歳以上の高齢者の発症が多く、女性に多い。

特徴的な症状

●初期のうちからもの忘れが増えたりもの覚えが悪くなったりする記憶障害や、誰かに財布を盗られたと思い込む「物盗られ妄想」も早い段階で見られる。

●病状が進むと、時間や場所、人の認識があいまいになる見当識障害が起こる。

●後期に差しかかると、「着替えが苦手になる（着衣失行）」「計算が苦手になる（失計算）」「言葉を発したり理解したりすることが難しくなる（失語）」といった症状が現れる。

●最終的には身体機能が低下して寝たきりになる。

進行のイメージ

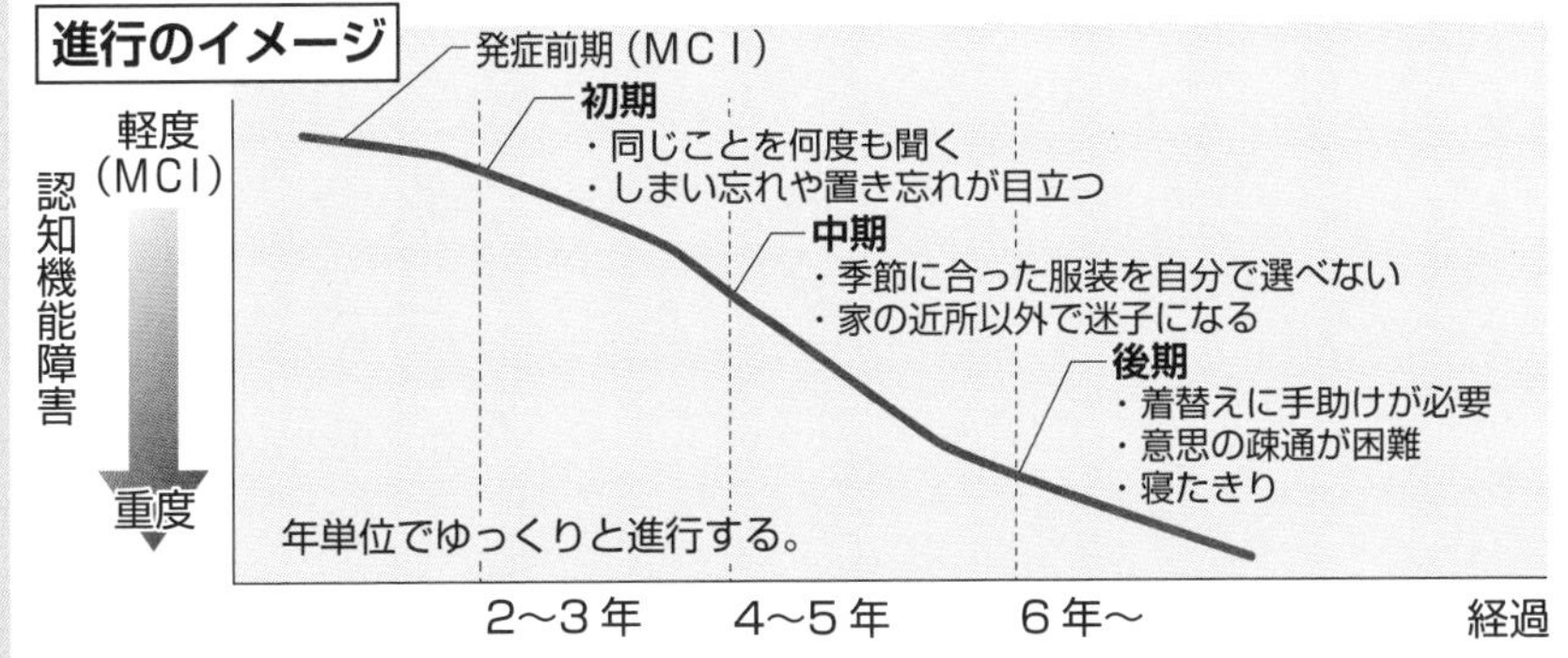

「脳血管性認知症」とはどんな病気ですか?

A 脳卒中による脳の障害が主な原因で起こるもので、60代以上の男性に多く見られる。

脳血管性認知症は、脳の血管がつまったり破れたりする脳卒中(脳梗塞(こうそく)・脳出血・くも膜下出血などの総称)によって引き起こされる認知症です。 中でも、原因として多いのが脳梗塞です。脳の血管がつまり、血流が遮断されて神経細胞に酸素や栄養が行きわたらなくなった結果、神経細胞が死滅して脳血管性認知症の発症にいたります。本人が自覚していないごく小さな脳梗塞(ラクナ梗塞)が引き金になることもあります。男女比では男性に多く、60代の比較的若い年代でも発症が多い傾向があり、認知症全体の約19・5%を占めています。

脳血管性認知症は、脳梗塞の発作直後ではなく、2、3ヵ月後から半年後に症状が現れるケースが多く見られます。また、**脳梗塞が起こるたび、階段を下りるように段階的に症状が悪化するという特徴があります。**

初期には、脳卒中のためにめまいや手足のしびれが起こります。**もの忘れも起こりますが、アルツハイマー型認知症とは違い、指摘されれば自覚できる点が異なります。また、思考や行動を司る前頭葉が障害されると、意欲の低下やうつ症状、運動機能の障害といった症状が現れます。** 過去に脳卒中の経験がある人で、急に意欲がなくなったり、記憶力や思考力の低下が認められたりしたら、脳血管性認知症が疑われます。

また、脳血管性認知症では、障害を受けている部位と受けていない部位が混在しているので、「もの忘れはあるが理解力は問題ない」「同じことが、できるときとできないときがある」「わかるときとわからないときがある」といったように、症状の現れ方にムラが出ることがあります。こうした状態を「まだら認知症」といいます。

脳血管性認知症は、アルツハイマー型認知症と併発しているケースも少なくありません。二つが合併している場合、どちらか一つしか持たない人よりも、症状が重くなりやすい傾向があります。

脳血管性認知症とは

発症のしくみ

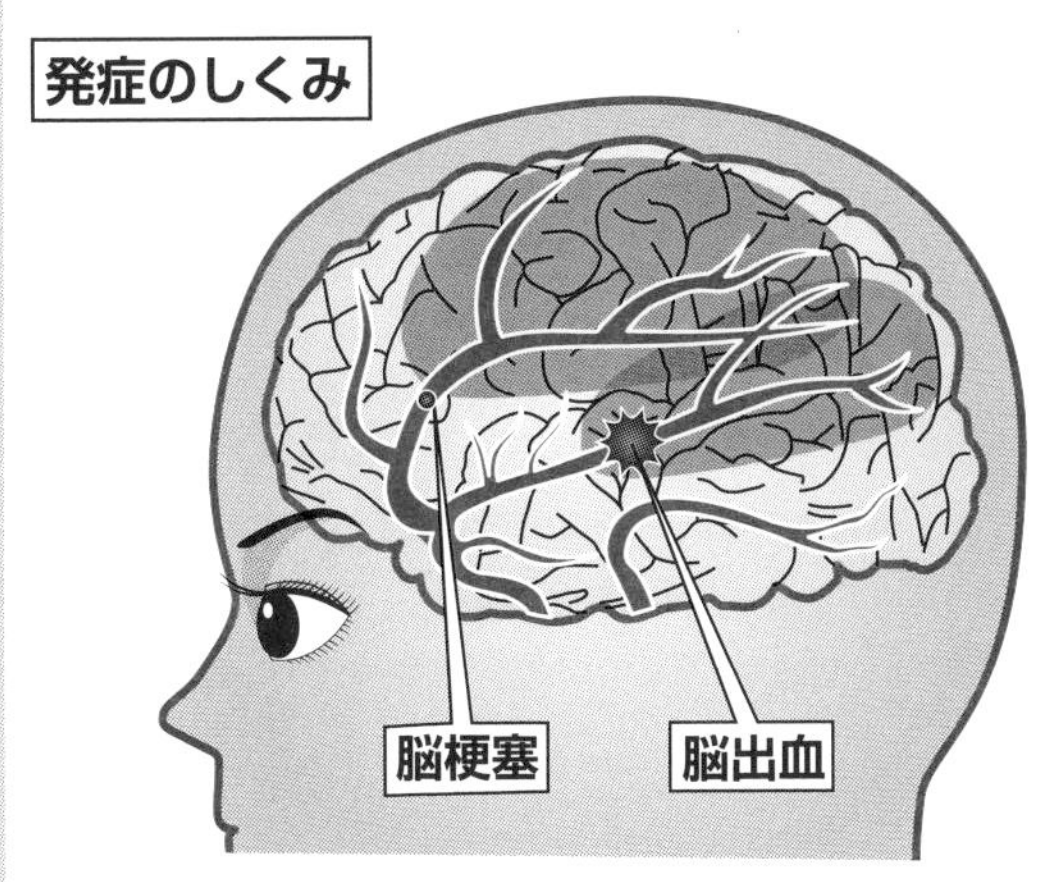

脳の血管がつまったり破れたりする脳卒中によって引き起こされる。特に、脳梗塞が起こって脳の血流が遮断され、神経細胞に酸素や栄養が行きわたらなくなり発症するケースが多い。

男女比では男性に多く60代の比較的若い年代での発症も目立つ。

特徴的な症状

- 初期にはめまいや手足のしびれが起こる。
- 初期のうちはもの忘れの自覚がある。
- 前頭葉が障害を受けると、意欲の低下やうつ症状、運動機能の障害が現れる。
- 障害を受けている部位と受けていない部位が混在する「まだら認知症」が起こりやすく、「もの忘れはあるが理解力は問題ない」「できるときとできないときがある」「わかるときとわからないときがある」といったように症状の現れ方にムラがある。

進行のイメージ

脳梗塞の発作直後ではなく、2、3ヵ月後から半年後に症状が現れるケースが多く、脳梗塞が起こるたび、階段を下りるように段階的に症状が悪化するという特徴がある。

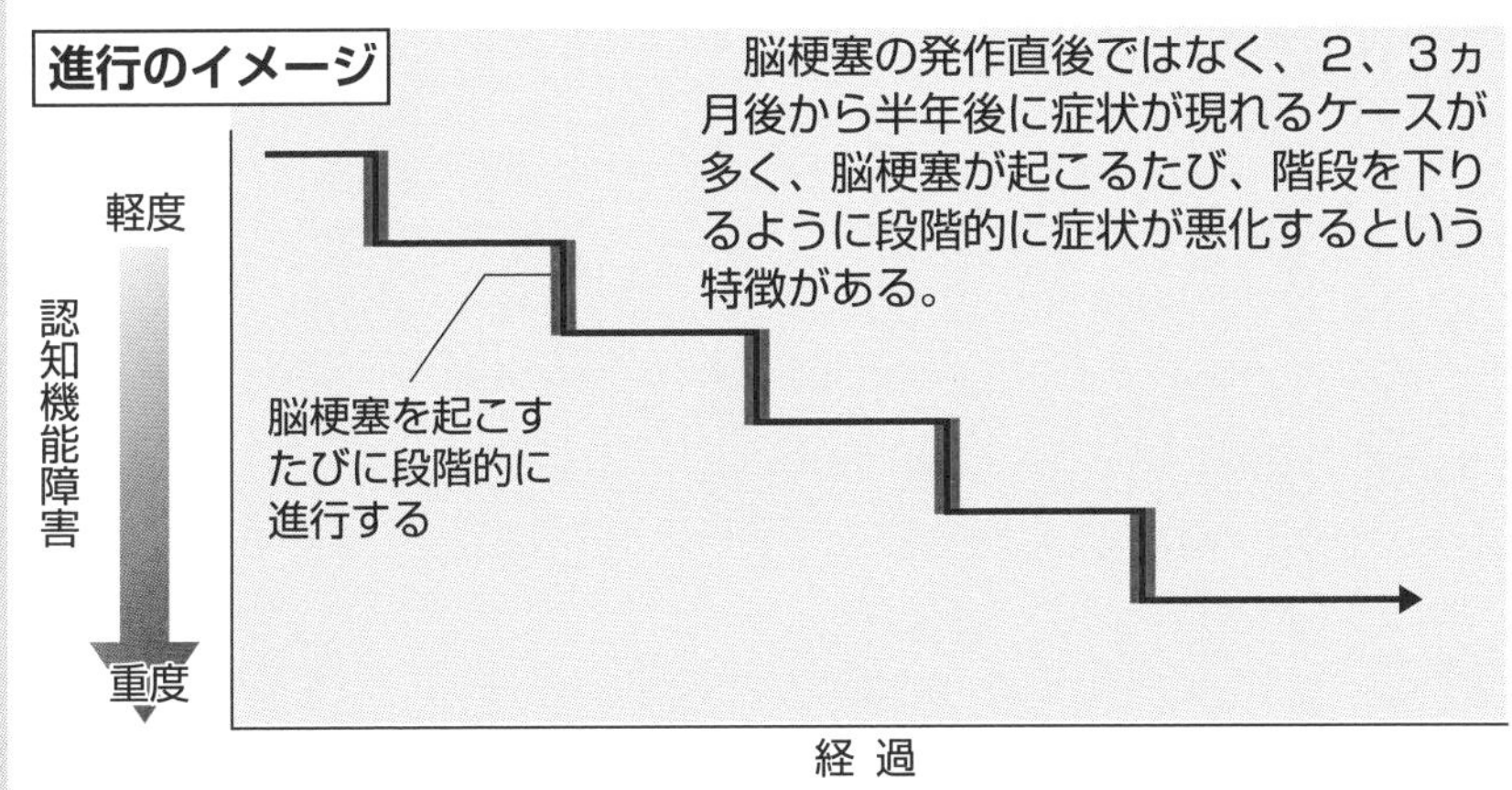

「レビー小体型認知症」とはどんな病気ですか?

A 女性に多く、ないはずの物が見える幻視やパーキンソン症状が特徴的。

「レビー小体型認知症」という名前は耳慣れない人もいると思いますが、これは、1976年に横浜ほうゆう病院の小阪憲司（こさかけんじ）院長によって発見され、近年、注目されている認知症です。

「レビー小体」とは、脳の神経細胞の中にある「αシヌ（アルファ）クレイン」という異常なたんぱく質が固まったもののこと。このレビー小体が脳の大脳皮質に生じ、神経伝達物質の一種であるドーパミンが減少することで発症します。ちなみに、レビー小体は、パーキンソン病の患者さんの脳幹部に出現することが知られていて、病状が進行して病変が脳幹部から大脳皮質にまで広がることで発症する例もあります。

レビー小体型認知症は、70~80代の比較的高齢での発症が多く、女性の発症率が高い傾向があります。

初期には、後頭葉が萎縮（いしゅく）し、目で見たものを認識する視覚野が障害を受けます。そのため、実際にはないものが見える「幻視」や、見るものが違って見える「錯視」といった視覚の異常が現れるのが大きな特徴です。こうした視覚の異常が原因で、妄想の症状が現れるケースも少なくありません。

さらに、筋肉がこわばって動作が遅くなったり表情が乏しくなったりする「パーキンソン症状」や、悪夢にうなされたり夢遊病者のように歩き回ったりする「レム睡眠行動異常」なども顕著に現れます。

記憶障害や見当識障害（時間や場所、人の認識があいまいになる症状）、判断力の低下が現れる人もいますが、アルツハイマー型認知症ほどは目立ちません。

病状が進行すると、うつ症状や自律神経症状（血圧の変動や頭痛、便秘、立ちくらみなど）が起こるケースもあります。このほか、薬の副作用が出やすくなる、病状が日によって変動しやすい、というのもレビー小体型認知症の特徴です。

レビー小体型認知症とは

発症のしくみ

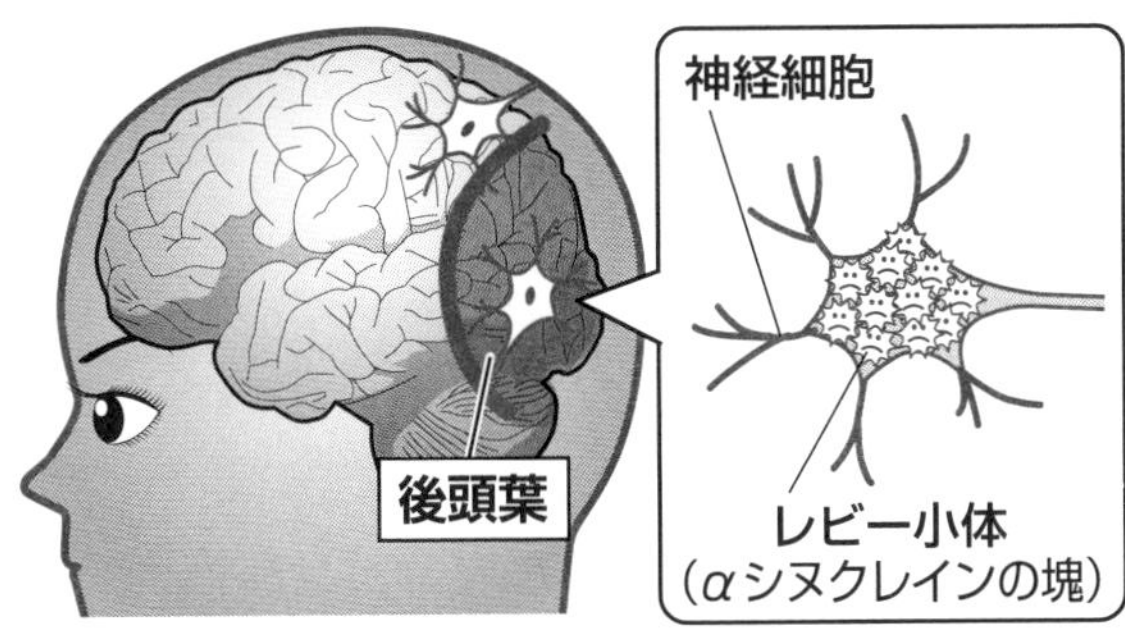

「レビー小体」とは、脳の神経細胞の中にある「αシヌクレイン」という異常なたんぱく質が固まったもの。レビー小体が後頭葉を中心に脳の大脳皮質に生じ、神経伝達物質の一種のドーパミンが減少することで発症する。

70～80代と発症年齢が高く、男女比では男性が多い。

特徴的な症状

- 初期のうちは、ないものが見える「幻視」や、見るものが違って見える「錯視」といった視覚の異常が現れるのが特徴。それに伴い、妄想が現れることもある。
- 動作が遅くなったり表情が乏しくなったりする「パーキンソン症状」や、夢遊病者のように歩き回る「レム睡眠行動異常」なども特徴的。
- 進行すると、うつ症状や自律神経症状も現れる。

進行のイメージ

軽度
認知機能障害
重度
レビー小体型認知症
アルツハイマー型認知症
経過

症状が変動しやすく、調子がいいときと悪いときをくり返しながら進行する。

Q9 「前頭側頭型認知症」とはどんな病気ですか？

A 65歳未満の人に発症し、記憶障害は目立たず粗暴・悪ふざけなど人格変化が見られる。

高度な判断力や思考、感情を司る前頭葉と、言語や音の認識・記憶を担う側頭葉が萎縮（いしゅく）して発症する認知症です。40～65歳未満の若い世代で発症することが多く、男女比はほぼ同一です。

脳の神経細胞に「ピック球」という物質が蓄積されて起こる例が多く見られたため、かつては「ピック病」とも呼ばれました。最近ではピック球が見られないことも少なくないとわかり、「前頭側頭型認知症」という呼び方が一般的になっています。

前頭側頭型認知症では、初期のうちは記憶障害や見当識障害はあまり目立たないものの、前頭前野が萎縮することで、**自制心が低下して気が短くなったり、万引き・無賃乗車・攻撃的な言動といった反社会的な行為をしたり、人格が変化したりするケースが多く見られます。**また、毎日同じ食べ物をとったり、同じ行動を何度も取ったりと、**同じパターンの行動をくり返す「常同行動」**という症状も特徴的です。現在のところ、効果的な治療薬はなく、介護が難しいタイプの認知症といわれていますが、接し方しだいで良好な状態を保てると考えられています。

前頭側頭型認知症とは

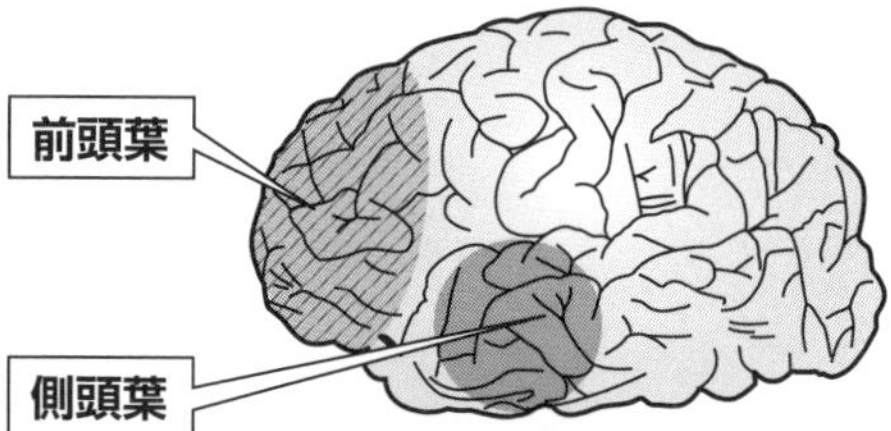

前頭葉と側頭葉が萎縮して血流低下が見られる

特徴的な症状

- 自制心が低下して気が短くなったり万引き・無賃乗車・攻撃的な言動といった反社会的な行為をしたり、人格変化が見られたりする。
- 同じ行動を何度もくり返す「常同行動」という症状も特徴的。

Q10 「軽度認知障害（MCI）」とは、軽い認知症ということですか？

忘れだけの「健忘型」より、読み書きや計算が苦手になるなどほかにも症状がある「非健忘型」のほうが、認知症に進むリスクが高くなります。

A MCIは認知症ではない。この段階で対策をすれば健常に戻る可能性もある。

アルツハイマー型認知症は、ある日突然起こるのではなく、健常な状態から、初期、中期、後期とゆっくり進行します。**軽度認知障害（MCI）とは、健常な状態から初期にいたる間のグレーゾーンの状態です。**この段階では**本人にもの忘れの自覚があり、周囲の家族ももの忘れに気づいているものの、ほかの認知機能はかなり残っているため、会話は成立し、自立した生活が送れています。**

2012年の厚生労働省の調査では、軽度認知障害の患者数は400万人にも上ると推定されています。軽度認知障害と診断された場合、約半数の人が5年以内に認知症に移行するといわれていますが、この段階で生活の改善や脳トレなどに取り組めば、4割の人が現状維持できるか健常な状態に戻れることが国立長寿医療研究センターの調査で報告されています。ちなみに、症状がもの

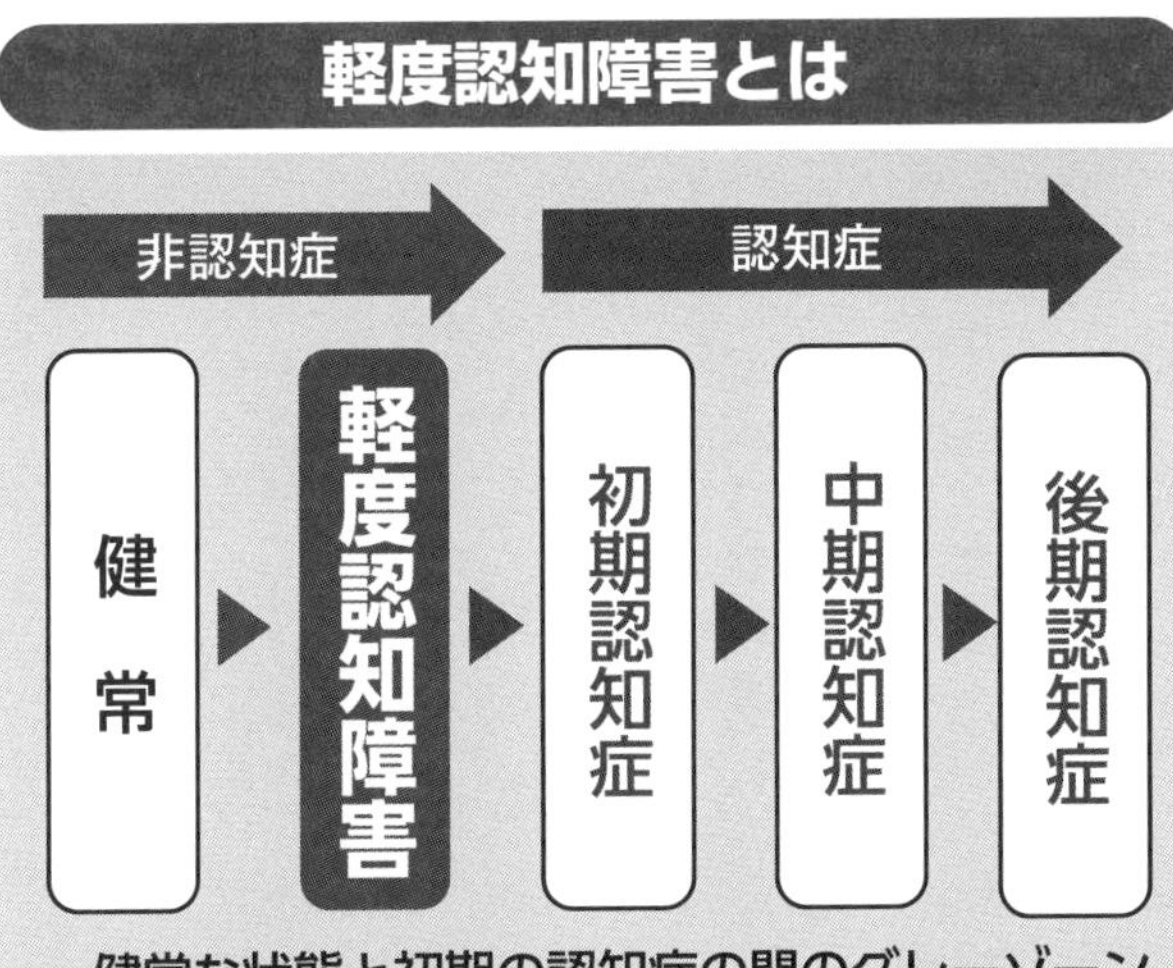

Q11 「認知症は現代医学では治らない」と聞きました。なぜ早期発見が望ましいのでしょうか？

A 早期発見し治療を始めることで、軽度の状態を長く維持できる。

認知症は早期のうちに発見し、治療を開始することが望ましいと考えられています。とはいえ、一度、認知症を発症して萎縮（いしゅく）した脳がもとに戻ることがないのは事実です。そのため、「認知症を早く発見しても、打つ手がないのなら意味がないのではないか」と考える人がいるかもしれません。

しかし、認知症の前段階である軽度認知障害（ＭＣＩ）の段階で生活を改めたり治療を開始したりすれば、４割の人は現状維持が見込めるか、健常な状態に戻る可能性があります。また、認知症の薬物療法は日進月歩で発展しており、適切な薬物療法で1年程度は進行を遅らせることができると考えられています。早期のうちに治療を始めるほど効果も得られやすく、軽度の状態を長く維持できるのです。

また、まれに治療や手術で回復するタイプの認知症もあるので、その場合は早期発見して適切な治療を行うことが大切です。

早期発見するほど良好な状態を維持できる

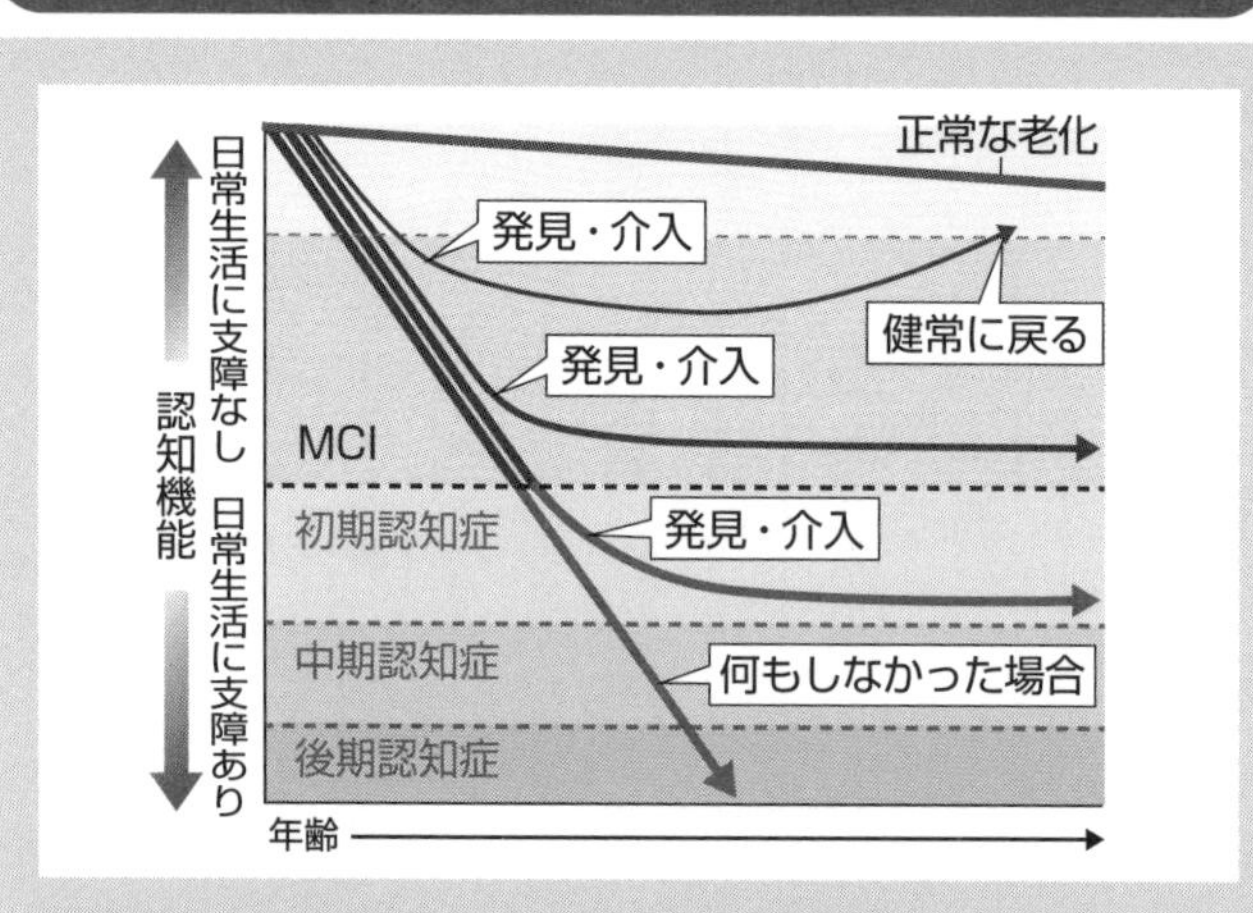

認知症の前段階である軽度認知障害（ＭＣＩ）の段階で生活を改めたり治療を開始したりすれば、４割の人は現状維持が見込めるか健常な状態に戻る可能性がある。早期のうちに治療を始めるほど効果が得られやすく、軽度の状態を長く維持できる。

Q12 認知症は治らないということは「認知症がよくなった」という話はウソなのでしょうか?

A 記憶障害の改善は困難ながらも、行動・心理症状はよくなる可能性がある。

認知症の中核症状(脳の萎縮(いしゅく)が直接の引き金となって起こる症状)である記憶障害や見当識障害(時間や場所、人の認識があいまいになる症状)、実行機能障害(段取りを組んで実行することが苦手になる症状)、失語・失計算(読み書きや計算が苦手になる症状)などは、治療を行っても回復は困難です。**中核症状が改善したという内容の話があったとすれば、信ぴょう性が低いといえるでしょう。**

しかし、妄想・暴言・暴力・幻覚などの行動・心理症状(BPSD)は、ご本人の健康状態や心理状態、周囲の環境に左右されるので、環境の調整やケア、持病の治療などで大きく改善します。そうした症状がよくなったという内容であれば、十分ありうることです。

さらに、認知症の発症にいたる前の軽度認知障害(MCI)の段階なら、脳のリハビリや食生活の改善、運動の取り組みなどで健常な状態に戻ることはあります。**加齢によるもの忘れやうっかりミスが回復したという内容ならば、ありうるでしょう。**

ちなみに、最近はアルツハイマー型認知症の進行を抑える新薬の開発が大きな話題になっているので、そうしたニュースも、「認知症がよくなる!」という見出しで報じられることもあるかもしれません。

改善する症状・しない症状

認知症の中核症状	改善は困難
認知症の行動・心理症状	ケアや治療、環境の調整で改善する
MCIの段階のもの忘れ	生活の改善やリハビリで改善が見込める

Q13 手術で治る認知症があると聞きました。本当ですか？

A 「正常圧水頭症」という病気が原因の認知症は、手術で病状が劇的によくなる。

ごく一部ですが、認知症の状態を招く病気の中に、手術で症状がよくなるものがあります。

その一つが**「正常圧水頭症」**です。水頭症とは、脳を保護する役割を担う「脳脊髄液」という液体が必要以上に増えた結果、脳に負担がかかる病気です。この病気では、**もの忘れのほか、物事への興味が薄れたり集中力が続かなくなったりする症状が現れます。**こうした症状に加え、**歩行障害**や**尿失禁**などが起これば、正常圧水頭症の可能性が高いといえます。正常圧水頭症の場合、頭蓋骨に穴を開け、細い管を通してたまった脳脊髄液を抜く手術で症状がよくなります。

もう一つが、**慢性硬膜下血腫**です。これは、頭部の打撲が原因で脳の表面にじわじわと血腫がたまり、脳が圧迫されてしまう病気です。頭を打ったあと、数週間、あるいは1～3ヵ月程度経過したあと、**もの忘れが起こったり、急に元気がなくなったように見えたり、歩行が不安定になったりする症状が見られたら、この病気の可能性があります。**慢性硬膜下血腫は、頭蓋骨に穴を開けて血液の塊を取り除く手術で回復が見込めます。

ちなみに、ビタミンB12欠乏や甲状腺機能低下症によって認知症の症状が現れることがあります。こうした場合は、ビタミンB12やホルモン剤の投薬治療で改善が見込めます。認知症診断では、治療によって治るタイプの認知症を見極めることが大切です。

治療でよくなる認知症

手術で治る病気

- **正常圧水頭症**
  脳を保護する役割を担う「脳脊髄液」という液体が必要以上に増えた結果、脳に負担がかかり、認知症の症状が現れる病気。
- **慢性硬膜下血腫**
  頭部の打撲が原因で脳の表面に血腫がたまり、脳が圧迫されて認知症の症状が起こる病気。

投薬で治る病気

- ビタミンB12欠乏症
- 甲状腺機能低下症

Q 14 認知症は若い人には発症しないのですか？

A **65歳未満で発症する「若年性」も4万人いる。脳は40代から衰え、30代で発症する人も。**

認知症は主に65歳以上の高齢者に発症する病気ですが、65歳未満の人に発症した場合、**「若年性認知症」**と呼ばれています。若年性認知症は男性に多く、30代で発症するケースもあります。患者数は、厚生労働省の調査によれば約4万人とされていますが、実際にはもっとたくさんいると推測されています。

若年性認知症の原因疾患

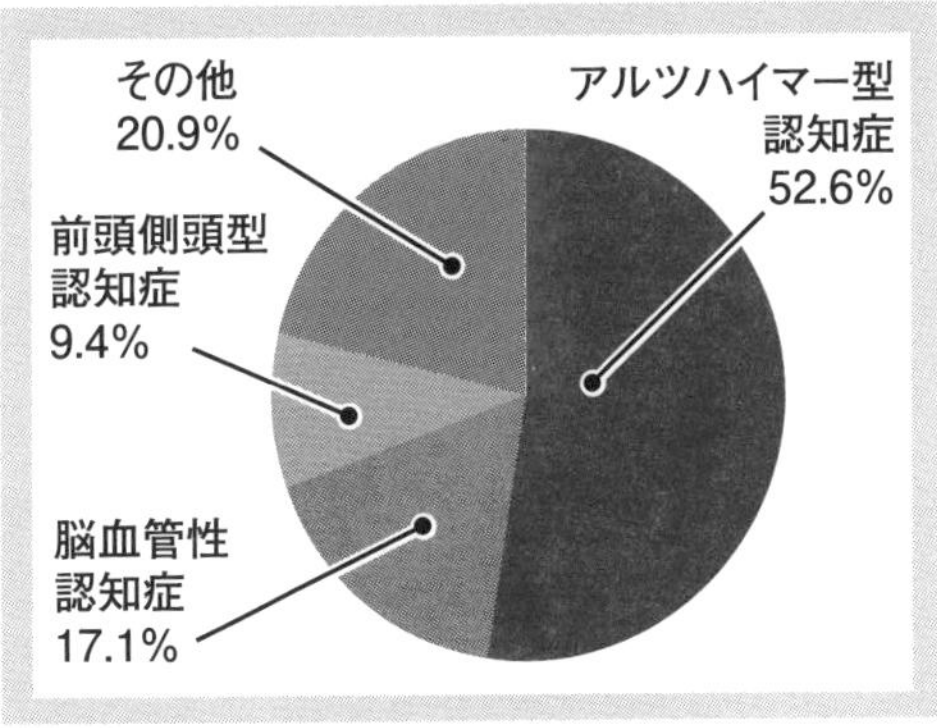

アルツハイマー型認知症 52.6%
その他 20.9%
前頭側頭型認知症 9.4%
脳血管性認知症 17.1%

若年性認知症の原因として多いのが、**アルツハイマー型認知症や脳血管性認知症、前頭側頭型認知症**などです。**頭部の外傷の後遺症**として現れることもあります。

若年性認知症は進行が早いのが特徴です。若くして発症するため、周囲や本人がまさか認知症だとは思わず、ようすを見ているうちに症状が進んでいるケースがあります。そのため、できるだけ早く、認知症の専門医に診てもらってください。

若年性認知症を発症した場合、仕事の継続の可否、失業した場合の経済的な問題、子供への影響など、本人も家族も悩みが一段と深刻になります。しかし、**近年はさまざまな支援策が充実しつつあり、若年性認知症の人でも使える介護保険サービスや、家族や当事者の会も増えています。専門の若年性認知症支援コーディネーターと相談しながら、若年性認知症を発症しても仕事を継続している人もいます。**

認知症になったからといって、「人生が終わり」というわけではありません。発症後も、さまざまな支援のもと、自分らしく幸せに生活している人が増えています。

グラフの出典：『わが国の若年性認知症の有病率と有病者数』
（地方独立行政法人東京都健康長寿医療センター）をもとに作成

Q15 もの忘れがあっても、自覚があるうちは心配ないと聞いたことがあります。本当ですか？

A 自覚のあるうちに予防に取り組めば発症を抑えることにつながる。生活の見直しが大切。

脳の記憶中枢の海馬（かいば）が障害を受けて認知症を発症すると、体験しても記憶が残らなくなってしまいます。指摘されれば「そうだった」「忘れていた」と思い出せるうちは、まだ本格的なアルツハイマー型認知症を発症する前の段階だといえます。そのせいか、書籍や雑誌、インターネットなどで「もの忘れの自覚があるうちは心配ない」と紹介されることがあります。

しかし、人からもの忘れを指摘される**軽度認知障害（MCI）を放置していると約半数の人が5年以内に本格的な認知症を発症するといわれています。そのため、この段階から治療や進行予防に取り組むことが重要です。**

ちなみに、自分ではもの忘れを自覚しているものの、周囲の人から指摘されない状態は、MCIのさらに前段階の「主観的認知障害（SCI）」と呼ばれています。最近は、このSCIの段階で、治療に介入し生活指導などを行うことを推奨する医師も増えてきています。

加齢によるもの忘れと認知症の違い

加齢によるもの忘れ	認知症によるもの忘れ
● もの忘れの自覚がある	● もの忘れの自覚はない
● ヒントがあれば思い出せる	● ヒントがあっても思い出せない
● 体験したことの一部を忘れている	● 体験したことをすべて忘れている
● 日常生活に支障はない	● 日常生活に支障がある
● 新しいことは覚えられる	● 新しいことは覚えられない
● あまり進行しない	● 急速に進行する

第2章

何歳からでも取り組もう！

最新知見に基づく認知症の防ぎ方Q&A

Q16 ～ 24

認知症を防ぐため何歳になっても頭をよく使って「認知予備能」を鍛えよう

修道院の人は人と交流したり奉仕活動をしたり若いころから高齢になるまで脳を刺激する生活を送っていました
そのために脳細胞が萎縮しても周囲のまだ元気な脳細胞が新しい神経の回路を作って認知機能を維持していたのでしょう
なるほど！
研究が進んで認知予備能を高く維持するには次のようなことが有効だとわかりました
これらに取り組むことで認知症の発症を35％も減らせることが研究で報告されているんですよ
1 頭を使い趣味を楽しむ
2 運動の実践
3 高血圧・糖尿病など生活習慣病の予防
4 人との交流
最近運動不足だな……おなかも出てきたし
次のページから認知症予防の具体的な方法を紹介していきます
先生
僕やります！

Q16 認知症になりやすいのはどんな人ですか?

A 高血圧・高血糖・肥満の人や聴力の衰えた人、喫煙者の発症率が高い傾向がある。

近年の研究で、脳の細胞は何歳になっても新たに生成され、新たなネットワークを作ることが科学的にも報告されています。脳の萎縮が進んでも、脳神経のネットワークが活性化したり、新たなネットワークが生成されたりしていれば、「脳の認知予備能（コグニティブ・リザーブ）」が高くなります。

認知予備能とは、脳が萎縮しても認知機能を維持する能力のこと。年を取っても、仕事を続けたり目標を持って趣味や勉強に取り組んだりすれば、認知予備能が鍛えられ、認知症の発症を防ぐことにつながります。

こうしたことが知られるようになり、世界各国で認知症予防にかんするさまざまな研究が行われています。

２０１７年、世界的に権威ある英国の医学雑誌**『ランセット』**の国際委員会は、各国で発表されてきたさまざまな認知症にかんする論文を解析し、発症リスクを高める要因を年代別に11種ピックアップしました。ここであげられた発症リスクは、小児期では**「低学歴」**（11～12歳までに教育が終了と定義）、中年期（45～65歳）では**「高血圧」「肥満」「難聴」**、高年期（65歳以上）では**「喫煙」「抑うつ」「運動不足」「社会的孤立」「糖尿病」**です。以上のリスクを持っている人は、認知症になりやすいといえます。ちなみに、この論文では**「遺伝的素因」「原因不明」**もリスク因子として数えられています。

高血圧や糖尿病といった生活習慣病がある人は、脳の動脈硬化が進むため、脳梗塞や脳卒中など脳血管性認知症のリスクが増加します。また、脳に微小な脳梗塞（ラクナ梗塞）ができると、脳の血流が低下して脳内にアミロイドβが蓄積しやすくなり、アルツハイマー型認知症の発症率が高まることがわかっています。運動不足の人や喫煙習慣がある人も、動脈硬化が進みやすく生活習慣病のリスクが高くなるので要注意です。

難聴がある人は、情報が脳に伝わりにくくなるばかり

認知症の発症を高める危険因子

危険因子	相対リスク※	人口寄与割合※※
小児期		
低学歴	1.6倍	8％
中年期（45〜65歳）		
高血圧	1.6倍	2％
肥満	1.6倍	1％
難聴（聴力低下）	1.9倍	9％
高年期（65歳以上）		
喫煙	1.6倍	5％
抑うつ	1.9倍	4％
運動不足	1.4倍	3％
社会的孤立	1.6倍	2％
糖尿病	1.5倍	1％

※相対リスク：そのリスク要因を持たない人に比べて持っている人がどれだけ認知症になりやすいかを示す
※※人口寄与割合：そのリスク要因を持つ人がいなくなったら認知症患者がどの程度減少するかを示す

出典：Lancet2017:390:2673-734

か、人とのコミュニケーションが難しくなります。その結果、脳への刺激が減り、抑うつ状態に陥りやすくなって認知症のリスクが高まります。

家族や地域社会との交流が著しく乏しい状態を「社会的孤立」といいます。この状態にある人も、脳への刺激が少なく、認知症を発症しやすくなります。

注目すべきは、ここであげられた**「高血圧」「肥満」「糖尿病」「難聴」「喫煙」「抑うつ」「運動不足」「社会的孤立」という八つの因子は、自分で改善できる点です。**高血圧や高血糖、肥満など生活習慣病の対策をしたり、運動不足を解消したり、禁煙をしたり、補聴器を使って聴力を補ったり、人と会話をするように心がけたりと、生活習慣を改めれば、認知症の発症リスクは十分に減らせます。

なお、小児期の**「低学歴」**がリスクとしてあがっていますが、これは、教育を受けた人は、生涯にわたって頭をよく使う生活を送る率が高くなるためだと考えられています。頭を使う習慣が乏しくテレビばかり見ているような人は、要注意で、年を取っても趣味や勉強、仕事に取り組むようにしましょう。

Q17 家系に認知症の人が多いのですが、私も認知症になるのではないかと不安です。大丈夫でしょうか？

A 遺伝性の強い認知症もあるが、大半は生活習慣の改善で発症リスクの低下が見込める。

Q16で紹介した『ランセット』の論文で、認知症の発症リスクを高める要因の中に**「遺伝的要因」**があげられています。アルツハイマー型認知症の発症には、アポリポたんぱくE4（脂質代謝に重要な役割を担うたんぱく質）で、アミロイドβ（ベータ）の生成を進める）に関連する遺伝子が影響しており、この遺伝子を持つ人はアミロイドβが蓄積しやすくなって発症率が高くなると考えられています。米国のユタ大学のキャノン・アルブライト博士らの研究で、親や兄弟にアルツハイマー型認知症の人が1人以上いると、認知症の発症リスクは1・7倍、2人以上いると約4倍にも増えるとの報告もあります。

しかし、過度に気にする必要はありません。**認知症は、生活習慣や持病など、さまざまな要因が重なって発症にいたります。高血圧や高血糖、肥満などの生活習慣病の対策をしたり、運動不足を解消したり、禁煙をしたりと、悪しき生活習慣を改めれば、認知症の発症リスクは十分に減らせます。**

英国のエクセター大学などの研究チームは、成人約20万人を対象に、認知症の発症率について遺伝的なリスクが「高い人・中程度の人・低い人」の三つに分け、同時に、認知症予防の観点から生活習慣が「好ましい・中間的・好ましくない」の三つのカテゴリーに分けて比較・検証しました。その結果、遺伝的に発症リスクが高い人は、低い人に比べて発症率が約2倍高かったものの、発症リスクが高い人でも、生活習慣が好ましい人は、そうでない人と比べて発症率が32％低かったのです。**認知症の親や親族がいる人でも、好ましい生活習慣を心がければ、発症リスクを減らすことは十分に可能なのです。**

ただし、ごく一部、**40〜60歳で発症する若年性認知症は、遺伝しやすいという報告があります。親や兄弟に若年性認知症の人がいたら、定期的に医師に相談し、早期発見に努めることをおすすめします。**

Q18 若いころに不摂生をしていました。今さら認知症は防げないと思うのですが、どうですか？

A **高齢でも禁煙すれば発症率が下がる報告があるように、予防は何歳からでも有効。**

「認知症の発症が生活習慣によって左右される」というと、若いころから暴飲暴食をして血圧や血糖値が高い人や、運動不足の人は、「今さら生活習慣を改めても手遅れなのではないか」と悲観してしまうかもしれません。Q16で紹介した『ランセット』の論文では、認知症の65歳以上の発症リスクについて**「喫煙」「抑うつ」「運動不足」「社会的孤立」「糖尿病」**があげられていますが、**糖尿病の治療や運動に取り組んだり、禁煙したり、人と積極的にコミュニケーションを取ったりして孤立を防げば、高齢であっても認知症の発症リスクを減らすことは十分可能です。**

このことは、ほかの研究でも示されています。2006年に東北大学が行った大崎コホート研究では、長い期間喫煙していた人であっても、禁煙に取り組むことで認知症の発症を減らせることが報告されています。

この研究は、開始時に認知症でない65歳以上の高齢者1万2489人を非喫煙者・禁煙者・喫煙者の3グループに分け、5・7年の追跡調査を行い、禁煙期間と発症リスクの関係を検証したものです。

その結果、禁煙者のリスクは禁煙期間が2年以下では依然高かったものの、3年以上になると非喫煙者と同レベルにまで低下したことが確認されたのです。つまり、**何歳からでも、生活習慣を改めれば認知機能の低下を防げる可能性があるのです。**

ぜひ、悲観することなく、認知症予防に取り組んでほしいと思います。

禁煙期間と認知症の関係

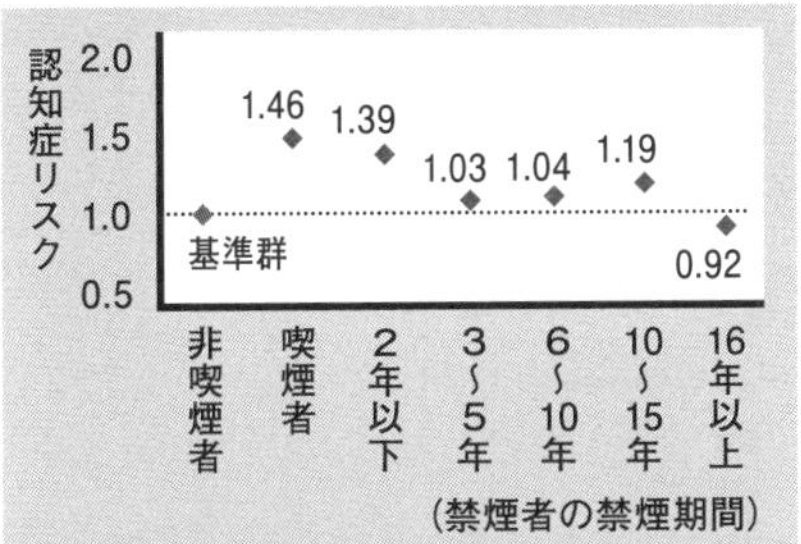

	非喫煙者	喫煙者	2年以下	3～5年	6～10年	10～15年	16年以上
認知症リスク	基準群 (1.0)	1.46	1.39	1.03	1.04	1.19	0.92

(禁煙者の禁煙期間)

禁煙期間が2年以下では認知症リスクが依然高かったが、3年以上になると非喫煙者と同レベルに低下。

 グラフの出典：東北大学の研究チームによる「大崎コホート研究 2006」より

Q19 認知症の発症を防ぐために、食生活では何に気をつけるべきですか？

A 青背の魚や緑黄色野菜、カレーなど脳血管を保護する栄養をとるといい。

認知症を防ぐには、食生活が大切です。認知症の予防に役立つ食品については研究が盛んに行われており、次のような食品の有効性が報告されています。

まず、おすすめなのが**カレー**です。カレー粉に含まれる色素成分（ポリフェノールの一種）のクルクミンには抗酸化作用や抗炎症作用があり、アルツハイマー型認知症の原因となるアミロイドβ（ベータ）の脳への凝集を抑える作用が認められていて認知症の発症リスクを下げると考えられています。2021年、東京大学と二松学舎大学などの共同研究で、カレーを多食する人ほど認知機能の状態が良好であることが報告されています。

次にとってほしいのは、**緑黄色野菜**や**果物**です。緑黄色野菜や果物には、優れた抗酸化作用が備わった色素成分やビタミンA・C・Eが含まれていて、脳の動脈硬化を防ぐのに役立ちます。

イワシや**アジ**、**マグロ**などの**青背の魚**も、積極的にとってほしい食品です。これらの魚に含まれるDHA（ドコサヘキサエン酸）とEPA（エイコサペンタエン酸）といった脂肪酸は、脳の血流を増やして脳の炎症を鎮める優れた作用があり、脳の健康維持に非常にいいと考えられています。宮城県大崎市の65歳以上の住民約1万3000人を対象にした東北大学の研究では、青背の魚をほぼ毎日食べる群は、ほとんど食べない群よりも認知症の発症リスクが16％低いという結果も得られています。

牛乳やチーズなどの乳製品も、認知症予防に役立つと考えられています。乳製品には、認知機能の維持に役立つカルシウムやビタミンA、B_2、B_{12}に加え、良質なたんぱく質が豊富です。また、乳製品に含まれる「酪酸（らくさん）」という成分も注目されていて、研究では酪酸の摂取量が1日当たり約180mg（ミリグラム）上がるごとに認知機能の低下リスクが約15％下がるという報告もあります。

緑茶もおすすめです。緑茶に含まれるエピガロカテキンガレートと呼ばれるカテキンは、アミロイドβの脳への凝集を抑える作用があり注目されています。宮城県仙台市で行われた疫学研究では、緑茶を1日2杯以上飲む群は1週間に3杯までしか飲まない群に比べ、認知機能の低下リスクが半減したことが確認されています。

そのほか、単一の食品ではなく、なるべく多くの種類の副菜（おかず）をバランスよくとることも重要です。多くの種類の食品をとることを「食品摂取の多様性」といいます。食品摂取の多様性が高い人は、低い人に比べて44%も認知症の発症リスクに差が出るという研究があります（左の図を参照）。これは、多種多様な栄養素がとれるだけでなく、いろいろな献立を考えたり準備したりすることで、脳をよく使うことも影響していると考えられています。理想は1日30品目といわれていますが、できる範囲でかまわないので、多くの種類の食品をとるように心がけてください。

認知症のリスクを減らす食生活

●いろいろな食品をとることが認知症予防に役立つ

認知機能の低下リスク

1

0.1

基準

1

0.99

0.68

0.56

基準に比べ約44%減る

最も低いグループ　やや低いグループ　やや高いグループ　最も高いグループ

食品摂取の多様性

＊横軸は、食品摂取の多様性指標（Quantitative Index for Dietary Diversity）のスコアをもとにしている。
※認知機能は MMSE で判定。

地域住民を対象とした調査で、食品摂取の多様性が最も高い（いろいろな食品を食べる）群は、最も低い（いろいろな食品を食べない）群に比べ約44%も認知機能の低下リスクが減ることがわかった。いろいろな食品をとると認知機能の低下予防に役立つのは、さまざまな栄養素がとれるだけでなく、献立を考えたり準備したりすることで頭をよく使うことも影響していると考えられる。

Geriatr Gerontol Int. 2017 Jun;17(6):937-944

◀食品摂取の多様性が高い食事の例

食品摂取の多様性が低い食事の例▼

●積極的に取り入れたい食品

・カレー
・緑黄色野菜や果物
・マグロやイワシなど青背の魚
・牛乳やチーズなど乳製品
・緑茶

Q20 認知症を防げる効率的な運動はありますか？

A ウォーキングなどの有酸素運動や、計算をしながらの足踏み（デュアルタスク）が効果的。

認知症リスクを下げるために取り組んでほしいのが、ウォーキングや水泳、ジョギングといった有酸素運動です。有酸素運動を行うと、新鮮な酸素を含んだ血液が脳に送り込まれ、体内で「BDNF（脳由来神経栄養因子）」というたんぱく質の分泌（ぶんぴつ）が盛んになります。すると、脳の神経細胞が活性化して海馬（かいば）などの血流や代謝がよくなり、脳内のアミロイドβ（ベータ）の沈着を減らすことにつながることがわかっています。

実際に認知症を発症していない高齢者4615人を5年間追跡調査した海外の研究では、歩行よりも強度の強い有酸素運動を週3回以上行ったグループは、週3回以下で強度が弱い運動を行ったグループよりも認知症の発症リスクが有意に低かったことが報告されています。

こうしたことから、認知症予防のためには中強度の有酸素運動を1日20分、週3回以上行うことを目標としましょう。中強度の目安は、ややきつい、少し息が弾む程度です。いつもよりスピードを2割ほどアップした速歩きがいいでしょう。20分というのは、1日のトータルの時間なので、朝10分、夕方10分といったように何回かに分けて行ってもかまいません。

なお、国立長寿医療研究センターでは、認知症予防を目的とした「コグニサイズ」という体操が考案されました。コグニサイズは、有酸素運動をしながら、数を数えたり、簡単な計算をしたり、しりとりをしたりと、二つの作業を同時に行う体操です。二つの作業を同時に行うこと（「デュアルタスク」という）で効率的に脳を刺激できます。次のページで、コグニサイズの一つの「足踏みコグニサイズ」を紹介しているので、試してみてください。

実際に愛知県大府市で軽度認知障害の高齢者を対象にコグニサイズに取り組んでもらったところ、10ヵ月後には記憶力や言語能力が向上し、海馬周辺の萎縮（いしゅく）が抑えられていたという結果が得られています。

足踏みコグニサイズのやり方

両足をそろえて背すじを伸ばして立ち、リズミカルに足踏みをしながら、足踏みの数を声に出していう。「3の倍数」のときは声を出さずに数え、手をたたく。

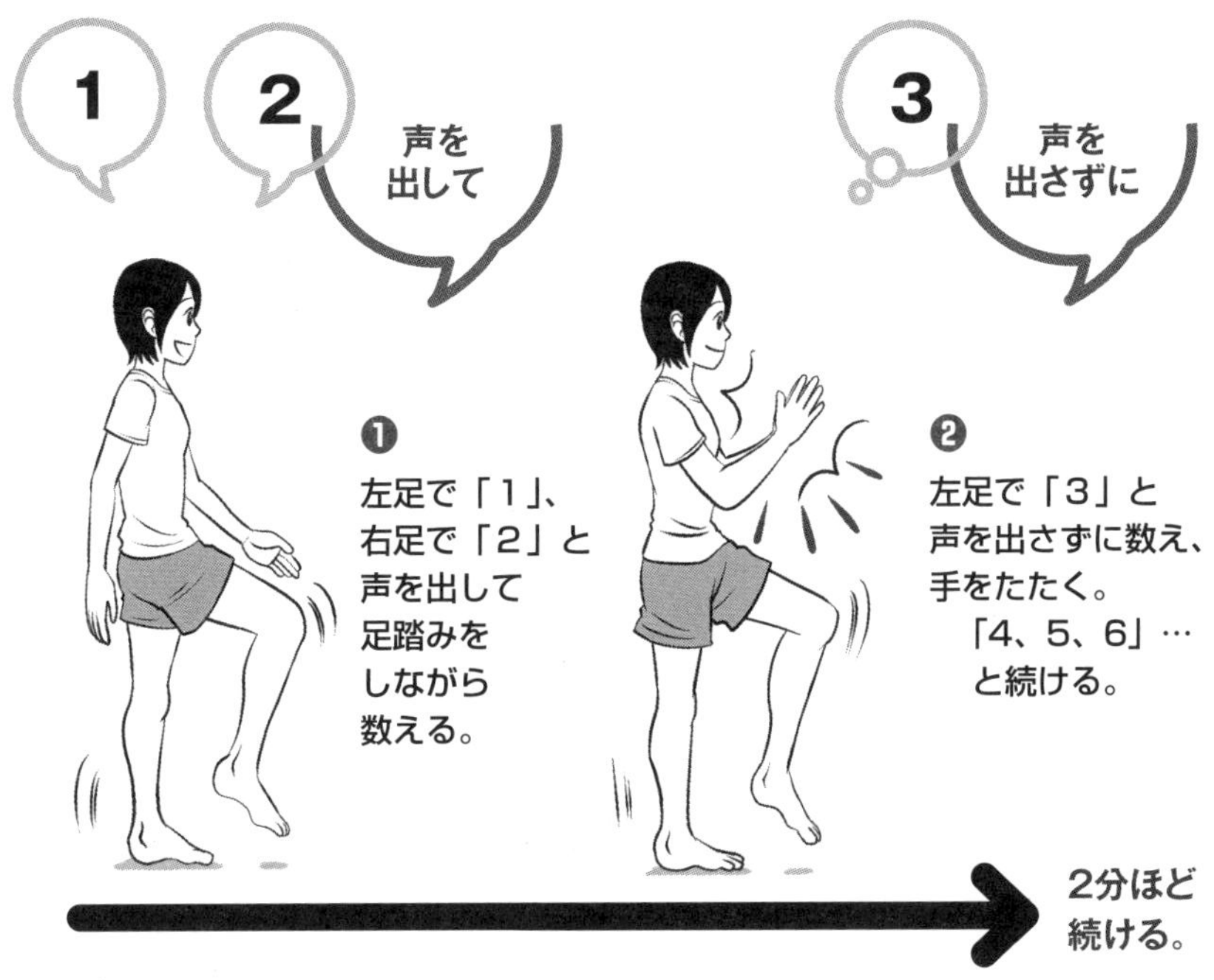

● コグニサイズで記憶力が向上

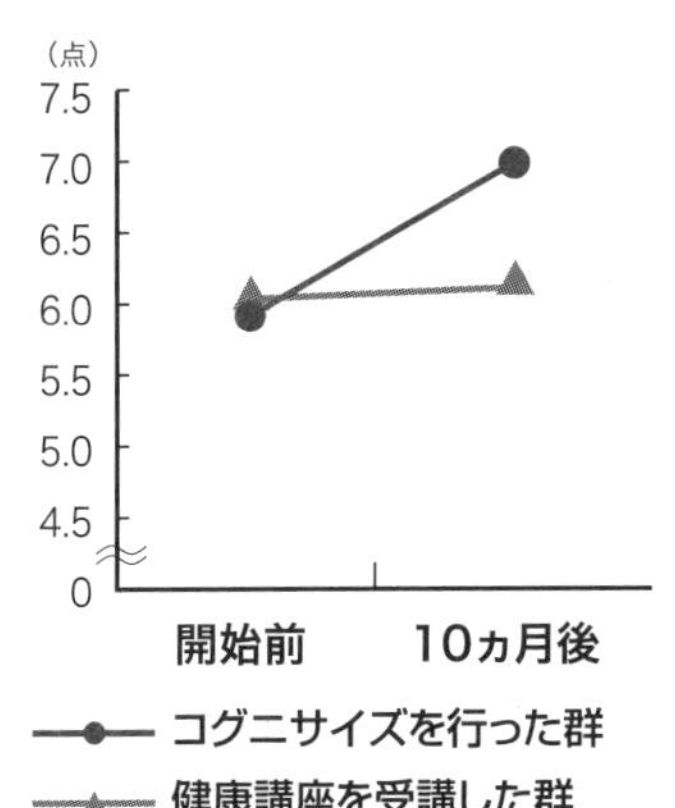

国立長寿医療研究センターと愛知県大府市の共同研究では軽度認知障害（MCI）の高齢者308人をランダムに2群に分け、それぞれ異なるプログラムに10ヵ月参加してもらった。コグニサイズを行った群は、健康講座を受講した群に比べ認知機能の低下が抑えられ、記憶や言語の流暢化が向上し、海馬周辺の萎縮も抑えられていた。

Q21 朝方に目覚めてしまいます。睡眠不足で認知症になるのではないかと不安ですが、大丈夫でしょうか？

A 高齢になるほど睡眠時間は短くなる。過度に心配せず、日中の活動量を増やすことが大切。

アルツハイマー型認知症の原因とされるアミロイドβ（ベータ）は、睡眠中に髄液（ずいえき）によって脳から排出されます。そのため、睡眠時間が短かったり、睡眠の質が悪かったりすると、アミロイドβの排出が滞って沈着しやすくなり、認知症のリスクが高くなる可能性があります。実際、45〜75歳の145人を対象に睡眠とアルツハイマー型認知症の関係を調べた研究では、「なかなか眠りにつけない」「朝早くや途中で目が覚める」といった睡眠の質が悪い人は、しっかり眠れる人に比べて、アミロイドβの脳への沈着量が最大5・6倍も多かったと報告されています。

とはいえ、若いころは7時間眠れていた人でも、高齢になると日中の活動量が減るため、睡眠時間は5〜6時間程度と短くなります。これは自然なことなので、早朝に目覚めても過度に心配する必要はありません。

睡眠に悩みがある人は、まず、**寝る1〜2時間前に入浴するといいでしょう。**入浴すると38度Cまで体温が上がり、入浴後に徐々に体温が下がって1〜2時間後に入眠しやすくなります。また、**日中に運動をしたり、地域活動に参加したりするのも有効です。**日中の運動量が増えると体内時計のリズムが正され、眠りが深くなり、夜の睡眠の質が向上するでしょう。

睡眠の質をよくする方法

- 寝る1〜2時間前に入浴すると、38度Cまで体温が上がり入浴後に徐々に体温が下がって1、2時間後に寝つきがよくなる。
- 日中に運動をしたり、地域活動に参加したりすると、体内時計のリズムが正され、夜の睡眠の質が向上する。

Q22 定年退職後に認知症になる人が多いと聞きました。防ぐにはどんなことに気をつければいいですか？

A 週に1度、行きつけの店に行くのでもかまわないので、人との交流を絶やさないこと。

定年退職したあと、急にもの忘れが増えて抑うつ状態になり、認知症を発症する人がいます。これは、出かける先がなくなったり、夫婦や家族の間でも会話が少なかったりすると、脳への刺激が激減してしまうためだと考えられます。このように「周囲の人との関係が希薄で会話もない状態」を「社会的孤立」といいます。Q16の『ランセット』の論文でも、65歳以上の認知症のリスクを高める要因として「社会的孤立」があげられています。

スウェーデンの研究所で、高齢者1203人を対象に3年間行われた調査でも、社会との接触が少ない人は、多い人に比べて認知症になる割合が約8倍も高かったことが報告されています。

認知症予防のためには、生活の中で会話を増やすことが大切です。まずは、家族との会話を増やしたり、近所の人と会ったら挨拶（あいさつ）をしたりするところから始めてみましょう。

また、お気に入りの喫茶店や飲食店、居酒屋などを見つけて出かけるのもおすすめです。週に1、2度、足を運び、なじみになった客どうしで言葉を交わしてみるといいでしょう。さらに、趣味や学習サークル、地域のコミュニティ活動に参加したり、友人とSNSで定期的に交流したりするのも、脳の活性化に大いに役立ちます。

社会的孤立を防ぐ方法

お気に入りの喫茶店や飲食店、居酒屋などへ週に1、2度、足を運び、客どうしで言葉を交わしたり、趣味や学習サークル、地域のコミュニティ活動に参加したりするといい。

Q23 定年退職後、何か趣味を始めようと思います。認知症予防に役立つ趣味はありますか？

A チェスや麻雀、パズルなどの知的ゲーム、楽器演奏、ゴルフがおすすめ。

2022年の日本人の平均寿命は、男性が81・47歳、女性が87・57歳と報告されており、仮に65歳で定年退職を迎えたとしても、多くの人は10～20年、あるいはそれ以上、人生が続きます。もし「自分は無趣味だ」という人がいたら、これからでも遅くはないので、新たに趣味を持つことをおすすめします。

認知症の予防のためにも、趣味は重要です。国立長寿医療研究センターの長期縦断疫学研究で、60歳以上の参加者を対象に、休日や余暇の過ごし方と認知機能の状態の関係について調査を行いました。その結果、**休日や余暇を「家でごろ寝」「買い物、外食」にあてる場合、認知機能の変化にほとんど影響はなかったのに対し、趣味にあてると、認知機能の低下リスクは下がることがわかったのです。**

ひと口に趣味といっても、どのようなものがいいのでしょうか。まずおすすめなのが、**パズル**や**将棋**、**囲碁**、**麻雀**、**チェス**などの知的ゲームです。米国のアルバート・アインシュタイン医科大学では、認知症を発症していない75歳以上の高齢者469人を5年間にわたり、さまざまな知的活動と認知症の発症の関係について追跡調査しました。その結果、チェスやトランプなどの知的ゲームを週2回以上行う人は、週1回以下の人に比べて認知症の発症率が3分の1以下と低くなることが確認されたのです。**チェスのように対戦相手がいるゲームは、勝負に勝つために先を読みながら次の一手を考えたり、相手の手の内を想像したりすることで、思考力や想像力、集中力が使われます。その結果、脳の司令塔である前頭葉や記憶に関係する側頭葉が大いに活性化すると考えられます。**同じ研究で、**クロスワードパズル**のような1人で楽しむ知的ゲームでも、認知症のリスクを減らすことにつながるという結果が得られています。

楽器演奏も有効です。楽器演奏のように、手指をよく使う作業は、脳を広範囲に活性化させる効果が期待できます。というのも、**手指は第二の脳といわれており、手指を使うと脳が広範囲に刺激されるためです。**同じ理由で、**手芸**のような手作業もいいでしょう。

ちなみに私は、趣味の**ゴルフ**を続けていますが、ゴルフも認知症予防におすすめです。ゴルフは1回のラウンドで1万歩以上歩く有酸素運動で、風向きやピンまでの距離を考えるなど、脳の活性化の観点からも非常にいい面がたくさんあります。

2018年、英国の『ブリティッシュ・メディカル・ジャーナル』にゴルフの認知症予防効果にかんする論文が掲載されました。この論文は国立長寿医療研究センターや杏林大学などが共同執筆したものです。

研究では、習慣的にゴルフをしていない65歳以上の106人を二つのグループに分け、一方の群には週1回のゴルフ教室に、もう一方の群には適度な体操などをする健康講座に参加してもらい、6ヵ月後、認知機能検査を行い比較しました。その結果、健康講座に参加したグループには認知機能の向上が見られなかったのに対し、ゴルフ教室に参加したグループは記憶力が6・8％、物語を聞いたあとに筋書きを思い出す記憶能力は11・2％もアップしていたのです。

趣味が認知機能の維持に効果的

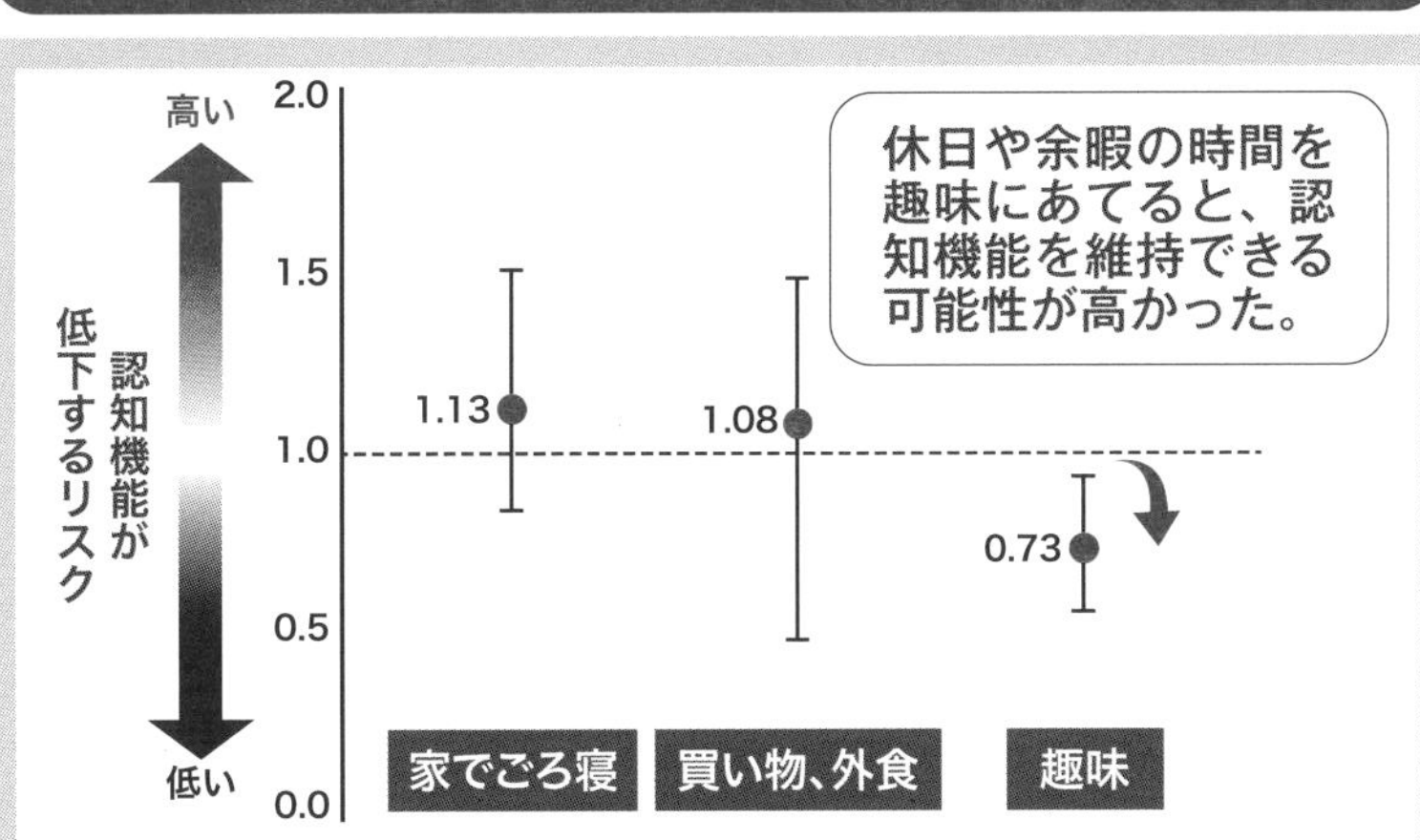

国立長寿医療研究センターが60歳以上の参加者を対象に休日や余暇の過ごし方と、認知機能の変化を調査した。休日や余暇に「家でごろ寝」「買い物、外食」をすることは、認知機能の維持や低下にほとんど関係なかったが、「趣味」は認知機能低下のリスクを下げていた。

データ：国立長寿医療研究センター

Q24 認知症予防に「回想法」が有効と聞きました。どのようなものですか？

A 昔の記憶を想起して脳を刺激する心理療法で、高い予防効果が認められている。

「回想法」とは、懐かしい写真や音楽、道具などを見たり触れたりしながら、昔の経験や思い出を語り合うという心理療法の一種です。１９６０年代に米国の精神科医のロバート・バトラー氏が提唱しました。近年、この回想法が脳を活性化させたり、情緒が安定したりして認知症の予防に大いに役立つとして注目され、病医院や高齢者施設でも行われています。

私もかつて、愛知県のある歴史民俗資料館で、認知症の人のグループと健常な高齢者のグループそれぞれを対象に、回想法スクールを開催しました。すると、回想法を行ったいずれのグループでも、認知機能やうつ傾向の改善、認知症の行動・心理症状（BPSD）の改善など、さまざまな面で良好な結果が得られました。また、脳血流を測定すると、最近の話をするときより、昔の話をしたときのほうが脳血流が大幅に増えることも確認できたのです。

高齢になってからは、友人や家族と語らうときは過去の出来事に思いをはせ、語り合いましょう。昔のファッション、流行した歌、恋の話題など楽しい話題がおすすめです。悲しい話題は控えたほうがいいでしょう。

回想法の効果

回想法スクール参加者たちは認知機能やうつ傾向の改善が見られたが、それ以外にも参加意欲・積極性、喜び・楽しみ（笑顔）などの満足度もアップした。

出典：北名古屋市 HP より作成

第3章

認知症の受診・診断・治療の

最新の知見や疑問の答えがわかる

Q&A

Q25 ～ 39

認知症の正しい診断は難しい！納得いかないときは専門医の再検査を受けよう

実はほかの原因で認知機能が低下し認知症のような状態になることがあります
特に初期の認知症は専門医でも診断が難しいことがあります

例えばこんなケースがあります
父は○×クリニックで認知症と診断されたんですけどお薬を飲んでも何をしてもどんどん進行しているみたいで……
片山綾香さん（50歳）

さっき話していたことも忘れてしまうし
話しかけても生返事ばかりなんです
当院で検査してみましょう

今日は何日ですか？
……えーと何日だっけ……
片山道夫さん（81歳）

ゴー

今の生活に満足してますか？
……いえ
ボソッ

もしかしたらお父さんは認知症じゃないかもしれません
ふーむ
え？

認知機能検査を見ると確かにギリギリ認知症なのですが
画像では脳の萎縮がありません

それに老人性のうつ病を調べるテストの点数が高いのです
うつ病ですか？

高齢の方のうつ病は認知症に似た記憶障害が出ることがあるんです
そういえば半年前に父が可愛がっていた犬が亡くなってしまったんです

こちらの薬を飲んでもらってください
こうしてSSRIというううつ病の薬を処方したのです

1ヵ月後
もの忘れもなくなって受け答えもしっかりしてきました
ありがとう

うつをそのままにしておくと本格的な認知症になることもあります
そのためにも認知症は早期発見が大切です

Q25 まだ認知症ではないと思うものの、もの忘れが増え、気になります。医師に診てもらったほうがいいですか？

A 「変だな」と思った時点で対策を始めるほど健常に戻る可能性が高い。医師に相談。

「人の名前を忘れてしまった」「昨日の夕食の献立を思い出せない」といったもの忘れは誰にでもあるもの。とはいえ、その頻度がだんだん高くなってくると、認知症の前触れではないかと不安になる人も多いでしょう。

年を重ねるにつれてもの忘れが増えるのは自然なことです。しかし、年相応のもの忘れのレベルではないと感じたら、早めにかかりつけ医や認知症の専門医に相談することをおすすめします。例えば、**もの忘れの回数が急に増えてきたり、もの忘れをしたという自覚すらなかったりするようなら要注意です。**

認知症では、もの忘れなどの記憶障害だけでなく、理解力や判断速度が低下したり集中力がなくなったりして、日常生活や趣味にも変化が生じます。こうした変化にいち早く気づくことが大切です。参考として、家族が認知症を疑うきっかけとなった変化の例を下に示しましょう。

最近は、1人暮らしの人が自分の認知症を心配して受診するケースも増えています。発見が早いほど発症を防ぐ可能性も高まるので、**年のせいと自己判断せず、変化に気づいたら医療機関で正しい検査を受けてください。**

家族が認知症を疑うきっかけ

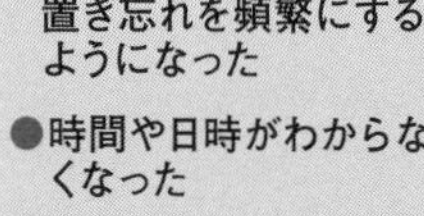

きっかけ	割合
忘れ物、もの忘れ、置き忘れを頻繁にするようになった	74.6%
時間や日時がわからなくなった	52.9%
仕事や家事が以前のようにできなくなり、支障をきたすようになった	46.7%
クレジットカードや銀行通帳の取り扱いができなくなった	29.5%
服薬がきちんとできなくなった	28.4%
ふさぎ込んで、何をするのもおっくうがり、嫌がるようになった	26.5%
気候に合った服を選んで着られなくなった	19.6%
入浴しても洗髪は困難になった	13.5%

出典：公益社団法人認知症の人と家族の会「認知症の診断と治療に関するアンケート調査報告書」

Q26 認知症の検査や診察を受けるにはどんな病院に行くといいのですか?

A まずは、かかりつけ医に相談し、いなければ認知症の専門医やサポート医を受診しよう。

自分や家族の異変に気づき、「認知症かもしれない」と心配になったら、**まずはかかりつけ医に相談することをおすすめします。**そこで認知症の疑いがあると診断されれば、専門の医療機関や専門医を紹介してもらえます。

かかりつけ医がいない場合は、**「認知症専門医」「認知症サポート医」**を直接受診してもいいでしょう。認知症専門医は、**「もの忘れ外来」「認知症外来」**などを設けている病院やクリニックに所属していることが多いので、インターネットを利用している人であれば、「もの忘れ外来」で検索すれば該当する全国の医療機関を見つけることができます。インターネットを利用していない場合は、高齢者やその家族を支援するために市町村が設置している相談窓口**「地域包括支援センター」**に問い合わせてみてください。なお、認知症サポート医は、かかりつけ医が認知症の人への対応に困ったときに、診断などにかんする相談やアドバイスを行う医師で、かかりつけ医(非専門医)と認知症専門医の中間に位置する存在です。地域のかかりつけ医の認知症ケアの向上を目的とした研修を行い、専門医療機関や地域包括支援センターなどとの連携を推進する役割も担っています。

また、専門医を直接探す方法もあります。**認知症の専門医を認定している「日本認知症学会」や「日本老年精神医学会」のウェブサイトでは、各地域の専門医や、その専門医の所属する病医院を検索することができます。**

また、50代、60代で将来の認知症発症が心配という人は、**「認知症ドック」**を受けることもおすすめです。認知症ドックでは、アルツハイマー型認知症の原因とされるアミロイドβ(ベータ)が脳に蓄積していないかを調べるPET検査や脳血流検査を行います。認知症の早期発見・治療に役立ちますが、保険が利かない自由診療のため、費用は数十万円かかります。

Q27 かかりつけ医もなく、近隣に認知症の専門医もいません。どこを受診すればいいのですか？

A 地域の「認知症疾患医療センター」になっている病院で、診断や医療相談を受けられる。

認知症のことを相談できるかかりつけ医がいない人や、近くに認知症専門医が見つからない人は、お住まいの地域の「認知症疾患医療センター」に相談するといいでしょう。

認知症疾患医療センターとは、認知症の人やその家族、医療・福祉・介護関係者に対応する医療機関で、認知症の鑑別診断や医療機関の紹介、医療相談などを行っています。都道府県や政令指定都市が指定する病院に設置されていて、地域の保健医療機関や介護機関と連携を図る、その地域における**認知症疾患対策の拠点**としての役割を担っています。

認知症疾患医療センターでは、**認知症の専門知識を持った精神保健福祉士や臨床心理士、認知症看護認定看護師、ソーシャルワーカーなどが相談に対応していて、電話や面談により、症状や介護方法など認知症にかんするさまざまな質問に答えてくれます。**

認知症疾患医療センターの場所やくわしい情報は、各市区町村の介護支援の窓口となる**「地域包括支援センター」**などに問い合わせてください。

認知症疾患医療センターの役割

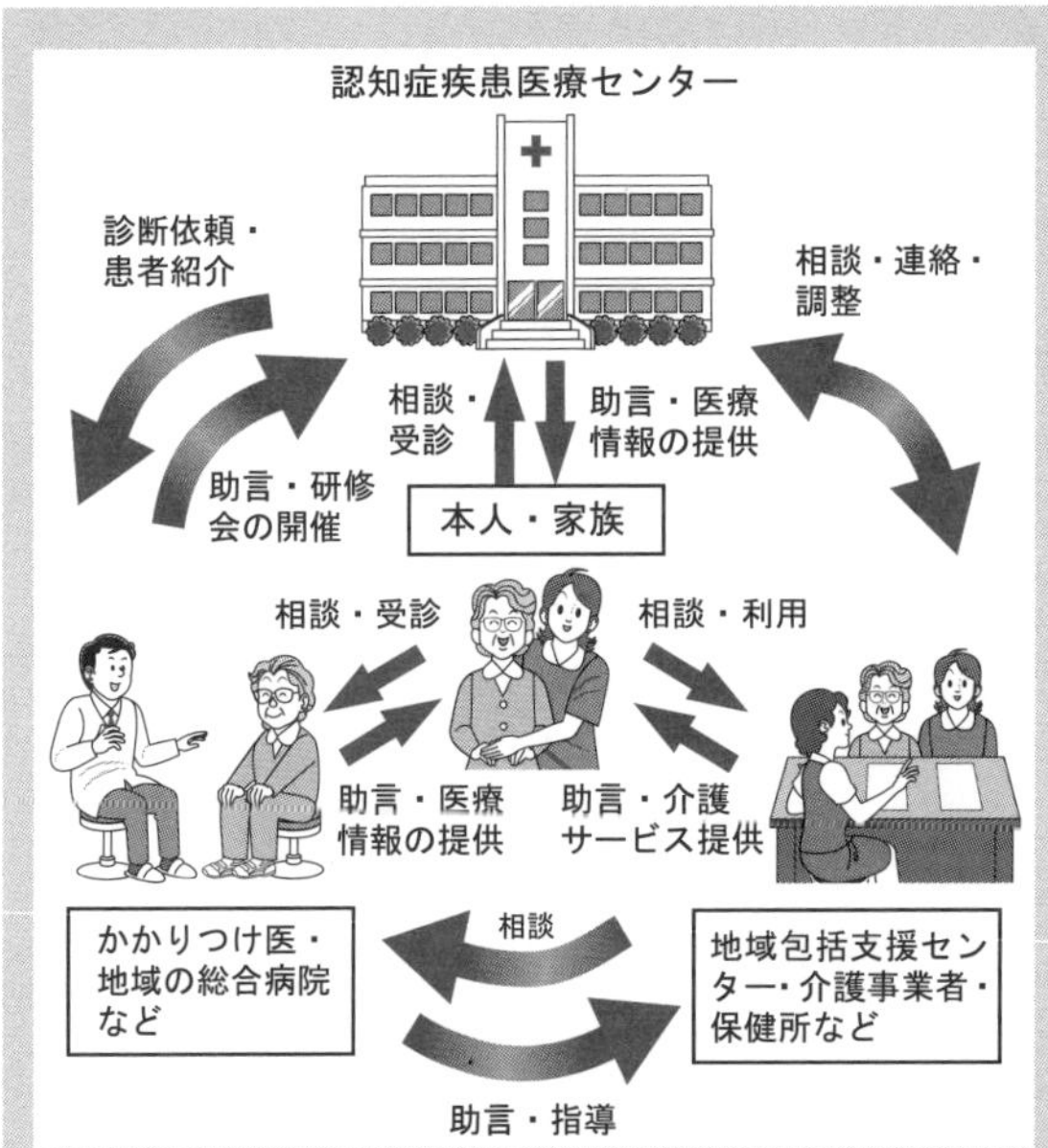

Q28 父を病院に連れていきたいのですが、「自分は認知症ではない」と拒否されます。連れていく方法はありますか？

A 自尊心を損なわないように、健康診断などにかこつけて受診を促すといい。

認知症が疑われる人の多くは、もの忘れによる失敗や家族からの指摘などで、自分が「なんとなくおかしい」という違和感や異変に気づいているものです。しかし、「認知症だったらどうしよう」という不安や恐れから「もの忘れや失敗は年のせい」などと考えがちです。認知症と判明するのが怖いため、病院に行くことを拒否する人もたくさんいます。

こうしたケースでは、家族がいきなり認知症専門医を受診するように促すと、認知症と決めつけられたと思って自尊心が傷ついたり、家族に不信感を抱いたりすることになりかねません。もし、**本人が信頼しているかかりつけ医がいれば、その医師に「脳の健康診断」として専門医療機関の受診を促してもらうといいでしょう。**そうした医師がいない場合は、親しい友人や近所で親交のある人など、本人が信頼している第三者に受診を促してもらったり、お孫さんや親戚（しんせき）からすすめられたりすることでスムーズな受診につながるケースもあります。

病院に行くこと自体を嫌がる場合には、無理強いしたり、嘘をついて連れて行こうとしたりするのはよくありません。本人の意志を尊重し、納得したうえで受診しないと、治療が始まっても通院しなくなる可能性があります。**自分の健康診断に同行してもらう、もしくはいっしょに検査を受けようと誘う**などして、受診をすすめるのもいいでしょう。そのさいには、あらかじめ医療機関に連絡を取って、事情を説明しておく必要があります。

また、認知症の専門医がいる病院の中には、訪問診療に力を入れているところもあります。医師が自宅で検査を行うこともあるので、相談してみるといいでしょう。

認知症は、症状が進むと不安や焦燥、妄想などの心理症状が現れて、さらに強く拒否するようになったり、怒りっぽくなったりします。そのため、変化に気づいたらできるだけ早く病院を受診することが大切なのです。

Q29 何をしても父が病院を受診してくれません。在宅で検査を受ける方法はありますか？

A 地域の「認知症初期集中支援チーム」などに在宅で評価してもらう方法がある。

家族に認知症の疑いがあり、病院で検査を受けさせたいのに、どんなに説得しても本人が病院に行きたがらないというケースは珍しくありません。そのようなときは、**「認知症初期集中支援チーム」**のサポートを受けて、在宅で診断してもらうという方法もあります。

認知症初期集中支援チームとは、全国の市区町村が設置する認知症の専門家チームで、認知症の医療や介護の専門知識と経験を持つ医師のほか、保健師や看護師、介護福祉士、社会福祉士、精神保健福祉士など医療・介護の専門職のメンバーで構成されています。**認知症が疑われる人やその家族からの相談があれば、その家庭を訪問し、認知症診断のサポートのほか、専門医療機関や介護保険サービスの紹介なども行ってくれます。**

また、認知症の疑われる人が単身生活者で誰も病院に連れていけない場合にも、家族や近所の人が役所に連絡すれば、認知症初期集中支援チームが対応してくれます。

認知症初期集中支援チームが訪問して支援する**対象者は、40歳以上の認知症が疑われる人**です。チーム員2～3人が対象者やその家族に会って、健康状態や認知機能の評価、心理症状の有無、家族状況、家族の介護対応力、居住環境などさまざまな情報収集と評価を行います。さらに、その評価をかかりつけ医や専門医と情報共有することで、認知症に対する迅速な対応を可能にします。

そして、専門医を含むチーム員や地域包括支援センター職員による会議で支援の内容を吟味し、対象者やその家族に医療機関の受診や介護サービスの利用を提言します。認知症初期集中支援チームが支援を行うのは約6ヵ月間で、その後は医療・介護サービスに引き継がれます。

なお、**認知症初期集中支援チームの設置場所は、市区町村の役所内や地域包括支援センター、病院など、自治体によって異なる**ので、よくわからない場合は役所の福祉関係の窓口に問い合わせてみるといいでしょう。

認知症初期集中支援の流れ

❶ 周囲の気づき

Aさんのケース

▶ 80 歳男性
▶ 1人暮らし
▶ 家族は離れた場所に在住

・離れて暮らしている父のようすがわからない
・最近もの忘れが増えたようで心配
・受診するようすすめても病院に行ってくれない

家族

近所の住民・民生委員

・最近、近所をウロウロ徘徊している
・道に迷っているのを何度も見かけた

相談・対応依頼

かかりつけ医

・かかりつけ医に治療中の病気や内服薬の情報を確認し助言をもらう。

❹ 相談

❺ 助言・指導

専門医療機関

・専門医療機関と連携し、これまでの受診歴や支援後の受診結果をもとに助言・指導を受ける。

連携（助言・指導）

❷ 初回訪問

・認知症初期集中支援チームが認知症や身体の状況を確認。
・本人や家族と面接をして気持ちや要望を聞き取る。

❸ チーム員会議

・認知症専門医の受診について検討。
・介護保険サービスの利用などの支援を検討。

❻ 支援の実施

・本人や家族に受診を促す。
・日常生活や介護について相談・指導を行う。
・介護保険サービスの利用をすすめる。

❼ チーム員会議

・受診や介護保険サービスの利用状況を確認して、集中支援終了の判断をする。

❽ ケアマネジャーなどへの引き継ぎ

30 認知症の検査は、どのようなものですか？

A 問診や認知機能のテストに加えて、病院では画像検査を行い総合的に見て診断する。

認知症の検査は、認知症かどうかを調べるとともに、認知症であれば、その原因疾患は何かを特定するために行われます。主に次のような検査を行い、それぞれの結果を見て総合的に判断します。

●問診

問診では、本人または家族に、現在治療中の病気やケガ、既往症といった身体状況のほか、受診のきっかけになった症状、日常生活で困っていること、家族構成、生活習慣などを調べます。正確に答えられるよう、家族はあらかじめ生活のようすをメモして持参しましょう。

●診察

本人と直接話すことで、会話内容や応答のようす、表情の変化などを観察。また、手足のふるえやマヒなども調べて、ほかの病気が潜んでいないか確認します。

●身体検査

血液検査、脳波検査、心電図検査、神経学的検査など。

●神経心理学的検査

認知機能にかんする質問に答える形式で、認知症かどうかを見分ける検査。**ミニメンタルステート検査（MMSE）**や**改訂長谷川式簡易知能評価スケール（HDS-R）**が代表的です（左ページ下の表を参照）。

●脳の画像検査

CT（コンピュータ断層撮影）や**MRI**（磁気共鳴画像診断）で、脳が萎縮していないか、血腫や腫瘍、梗塞、出血などがないか調べます。また、**脳血流SPECT**では、脳の血流低下の状態を調べることでアルツハイマー型認知症、レビー小体型認知症、前頭側頭型認知症などを鑑別します。

なお、認知症の原因疾患の鑑別では、アルツハイマー型認知症なら「物盗られ妄想」、レビー小体型認知症なら「幻覚」といったように、それぞれの病気で見られる特徴的な症状の有無を問診で確認するのも重要です。

認知症の検査の流れ

①問診・診察

本人や家族に現在の生活状況や受診のきっかけ、既往歴を確認し、会話の内容や応答のようす、表情の変化などを診る。

②身体検査

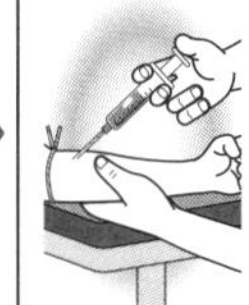

血液検査や心電図検査、脳波検査など。

③神経心理学的検査

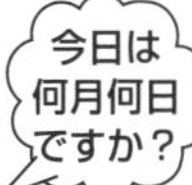

簡単な質問で認知症かどうかを見分ける。改訂長谷川式簡易知能評価スケールやミニメンタルステート検査など。

④画像検査

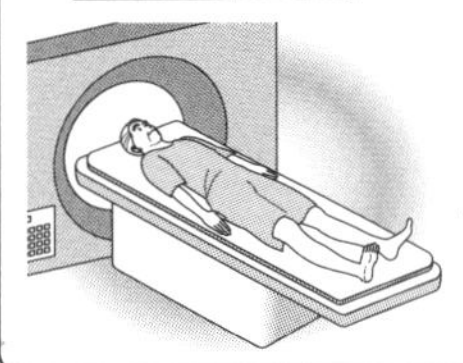

CTやMRI、SPECTなどで脳の状態を画像で確認。

主な神経心理学的検査

検査名（略称）	内容	所要時間・評価など
ミニメンタルステート検査 (MMSE)	国際的に最も多く用いられている認知機能検査。時間の見当識(「今日は何日ですか」など)、場所の見当識(「ここはどこですか」など)、3単語の即時再生(「私がこれからいう言葉をくり返しいってください『桜、猫、電車』」など)と遅延再生、計算(「100から順に7をくり返し引いてください」など)のほか、物品呼称、文章復唱、3段階の口頭命令、書字命令、文章書字、図形模写などの計11項目から構成される。	6～10分。 30点満点で採点。27点以下は軽度認知障害(MCI)疑い、23点以下で認知症疑い。
改訂長谷川式簡易知能評価スケール (HDS-R) ※78ﾍﾟｰｼﾞを参照	1974年に長谷川和夫医師らによって作られた簡易知能検査の改訂版。年齢、見当識(日時・場所)、3語の即時記銘と遅延再生、計算、数字の逆唱、物品記銘(視覚記憶)、言語流暢性(「知っている野菜の名前をできるだけ多くいってください」など)の9項目からなる検査。	6～10分。 30点満点で採点。20点以下で認知症疑い。

出典：「認知症の予防とケア」(公益財団法人長寿科学振興財団)、日本老年医学会資料ほか

改訂長谷川式簡易知能評価スケール

（検査日　　　　年　　月　　日）　　　　（検査者　　　　　　　）

氏名		生年月日　　年　　月　　日	年齢　　歳
性別 男 ／ 女	教育年数（年数で記入）　　年	検査場所	

■1～9の質問に対し、正解に応じて加点していく。

	質問		得点
1	お歳はいくつですか？（2年までの誤差は正解）		0　1
2	今日は何年何月何日ですか？ 何曜日ですか？ （年月日、曜日が正解でそれぞれ1点ずつ）	年 月 日 曜日	0　1 0　1 0　1 0　1
3	私たちがいまいるところはどこですか？ （自発的に出れば 2点、5秒おいて家ですか？ 病院ですか？ 施設ですか？ の中から正しい選択をすれば1点）		0　1　2
4	これからいう3つの言葉をいってみてください。 あとでまた聞きますのでよく覚えておいてください。 （以下の系列のいずれか1つで、採用した系列に○印をつけておく） 1：a）桜　b）猫　c）電車　　2：a）梅　b）犬　c）自動車 ※それぞれ答えられたら1点。計3点		0　1 0　1 0　1
5	100から7を順番に引いてください。 （100－7は？、それからまた7を引くと？ と質問する。最初の答えが不正解の場合、打ち切る）	(93) (86)	0　1 0　1
6	私がこれからいう数字を逆からいってください。 （6-8-2、3-5-2-9 を逆にいってもらう、 3桁逆唱に失敗したら、打ち切る）	2-8-6 9-2-5-3	0　1 0　1
7	先ほど覚えてもらった言葉をもう一度いってみてください。 （自発的に回答があれば各2点、 もし回答がない場合以下のヒントを与え正解であれば1点） a）植物　b）動物　c）乗り物		a:　0　1　2 b:　0　1　2 c:　0　1　2
8	これから5つの品物を見せます。 それを隠しますので何があったかいってください。 （時計、鍵、タバコ、ペン、硬貨など必ず相互に無関係なもの） ※1品正解につき1点。計5点。		0　1　2 3　4　5
9	知っている野菜の名前をできるだけ多くいってください。 （答えた野菜の名前を右欄に記入する。 途中でつまり、約10秒間待っても 出ない場合にはそこで打ち切る） 0～5個＝0点、6個＝1点、7個＝2点、 8個＝3点、9個＝4点、10個以上＝5点		0　1　2 3　4　5
		合計得点	

■判定結果：30点満点中、20点以下なら認知症の疑いあり。

Q31 どんな症状があれば、認知症と診断されるのですか？

A 脳の機能が衰えて自立した生活に支障が出ていたら認知症と診断される。

認知症は病名ではなく、脳の病気や障害など、なんらかの原因で後天的に認知機能（記憶や理解、判断力など）が低下して、日常生活に支障をきたすような状態をいいます。

どのような状態を認知症と診断するかについては、医学の進歩とともに変化してきました。現在、日本でも使われている米国精神医学会による精神疾患の診断基準（DSM-5）では、**下の表に示した六つの認知領域のうち、1つ以上の領域で認知機能障害があり、さらに日常生活に支障がある場合に認知症と診断する**としています。

なお、認知症は、脳の器質的な障害によるものなので、脳の働きが低下して起こる「うつ病」や「せん妄」のような意識障害とは区別します。

また、認知症は、初期には症状が記憶障害だけのときもありますが、思考・意欲・判断などほかの認知機能にも障害が及びます。そのため、記憶障害のみの場合は「健忘症」として除外されます。これは、認知症の中には、前頭側頭型認知症のように記憶障害が目立たないものもあるので、そうした例を見逃さないためです。

認知症に関係する認知領域の障害

❶「複雑性注意」の障害	複数の外的刺激があるときに注意力が維持できなくなること。例えば、テレビを見ながら会話ができないなど。
❷「実行機能」の障害	予定を立てても実際に行動に移すことが難しくなる。段取りが悪くなる。
❸「学習および記憶」の障害	新しいことを学んだり記憶したりするのが難しくなる。
❹「言語」の障害	言語を理解したり表出したりすることが難しくなる。「あれ」「それ」が増える。話題が理解できない。
❺「知覚・運動」の障害	正しく知覚したり道具を適切に使用したりすることが難しくなる。慣れていたことができなくなる。なじみの場所で迷う。
❻「社会的認知」の障害	他人の気持ちに配慮したり相手の表情を適切に読み取ったりすることができなくなる。常識に無頓着。安全を考えずに行動する。

認知症と診断されたのですが、結果に納得がいきません。別の医師に診断しなおしてもらってもいいでしょうか？

A セカンドオピニオンを受けるのも大切。最初の医師から紹介状をもらう。

認知症は、残念ながら現代の医療では根本的な治療方法が見つかっていません。一部の認知症を除き、発症すれば治すことは困難で、進行を抑制するか症状を緩和することしかできないため、診断結果を受け入れられない人も多いと思います。

もし、主治医から説明を受けても信用できず、「1人の医師の意見だけでは納得がいかない」というときは、**別の医師の診察を受け、意見を求めるセカンドオピニオン**を受けることをおすすめします。ただし、診断を聞いただけですぐにほかの医師の意見を求めに行くのではなく、まずは最初に診察を受けた医師に、病状や進行度、主治医のすすめる治療法などをくわしく説明してもらってからセカンドオピニオンを受けるといいでしょう。そのほうが、セカンドオピニオンを受けたときに、診断や治療方針についてより深く理解できます。

セカンドオピニオンは、次のような手順で受けます。**❶主治医にあなたの意思を伝え、セカンドオピニオンを受ける病院を探す。❷病院が決まったら主治医に紹介状や検査結果のデータをもらう。❸セカンドオピニオンを受ける。❹終わったら主治医に報告する。**

主治医にセカンドオピニオンを受けたいと伝えるのは、主治医を信用していないようでやりにくいかもしれません。中には、主治医に黙ってセカンドオピニオンを受ける人もいるかと思いますが、それでは紹介状が得られないばかりか、重要な情報源である検査結果などのデータがセカンドオピニオンで活かされません。

セカンドオピニオンの目的はほとんどの医師が理解しているので、過度に気にする必要はありません。注意してほしいのは、**セカンドオピニオンに時間をかけすぎない**ことです。治療によって症状が治まる認知症もあるほか、早期に適切な治療を開始すれば、それだけ進行を遅らせ、悪化を防ぐことができるからです。

33 認知症には誤診もあると聞きますが、原因としてどのようなことが考えられますか？

A **一時的に認知機能が衰える「せん妄」やうつ病で、認知症に似た症状が出ることがある。**

認知症の症状が軽度の場合は、医師でも診断は難しいものです。認知機能が低下する病気や病態はたくさんあり、数十種に及びます。主なものには、**うつ病**、**せん妄**（薬物中毒などで起こる、意識障害を伴う急性の精神症状）、**てんかん**（脳の神経細胞が過剰に反応して発作などが現れる病気）などがあります。

中でも、**せん妄とうつ病は、認知症との鑑別が難しく、特に高齢者では症状がよく似ているので誤診が起こりやすい**といえます。それでも、「せん妄は認知症よりも発症が急激で注意力の低下が著しい」「うつ病も認知症も記憶力が低下するが、うつ病ではそのことに悩むのに対して、認知症ではもの忘れを否定することが多い」などの違いがあり、それをもとに鑑別を行います（表を参照）。

ただし、**1人の患者さんに二つ以上の病態が同時に存在することもある**ので注意が必要です。認知症かほかの病気かを性急に鑑別せず、まずはどちらの病気もありうるものとして対応するほうが安全な場合もあります。

もし、診断に不安や疑問があれば、Q32で説明したように、セカンドオピニオンを受けるのもいいでしょう。

せん妄・認知症・うつ病の症状の違い

	せん妄	認知症	うつ病
発症	急激（数時間～数日）	緩徐（月～年）	さまざま
初期症状	意識・注意障害	短期記憶障害	気分・感情障害
日内変動	あり（夜間に増悪）	少ない	朝方不調
意識	混濁	清明（末期以外）	ほぼ清明
幻覚	幻視が多い	少ない	少ない
注意	低下	正常	低下

山内典子「せん妄のアセスメント」『がん看護』20(5), 2015より改変

Q34 認知症と診断されたら本人に告知したほうがいいのですか？

A 慎重な判断が必要。本人が治療に前向きなら告知していいこともある。

認知症の告知は、検査結果が出てから2~3回めの診察時に医師が行いますが、本人に告知するかどうかはケースバイケースです。医師としては診断結果を本人に直接伝えることが原則ですが、大きなショックを受けてパニックになりそうなケースや、症状が進んでいて病気への理解が難しい患者さんには、家族だけに知らせる場合もあります。もし、告知の方法に希望がある場合は、あらかじめ医師に伝えておくようにしてください。

告知のさいは、本人と家族の気持ちを十分配慮しますが、それでも今後を悲観して絶望的になる人もいます。告知を受け入れられず、ずっと落ち込んでしまう恐れがあれば、必ずしも告知にこだわる必要はないでしょう。

反対に、**症状が軽く判断能力があり、治療に前向きに取り組めるなら、本人に告知するほうがいいでしょう。**現在は認知症の症状の進行を遅らせる薬もあるので、本人が納得して早期にしっかりと検査や治療を行ったほうが高い治療効果が得られます。また、本人や家族を支える病院や自治体などのサービスも充実しているので、早くからこうしたサービスを利用できれば、患者さんのよりよい将来設計につながるという利点もあります。

告知のさいの準備と心構え

● **準備**

- □告知の方法（家族だけで告知を受けるのか、本人と家族が同席するのかなど）をあらかじめ医師に伝えておく
- □診断内容を理解できるように認知症について調べておく
- □認知症と告知された場合に備え、医師に確認すべきことや疑問などをまとめておく

● **医師に確認すること**

- □認知症だった場合、正確な病名とどんなタイプの認知症かを確認する
- □これから症状がどのように進行するのかを確認する
- □今後の治療方針についての説明を受ける
- □薬の説明や通院について確認する
- □日常生活での注意点などのアドバイスを受ける
- □ショックを受けている場合、精神面のケアについても説明を受ける
- □説明に納得がいかなければ、セカンドオピニオンを検討する

Q35 認知症の進行を防ぐ治療とは、どのようなものですか?

A 薬物療法や脳のトレーニングが中心。周囲の人のケア・接し方でも進行が左右される。

認知症は急激に悪化することはないので、適切な治療を根気よく続けて進行を防ぐことが大切です。

認知症の治療には、❶**薬物療法**、❷**非薬物療法**（脳活性リハビリテーション）、❸**適切なケア**、❹**なじみの環境**という、基本となる四つの柱があります。このすべてを同時に行うように心がけます。

認知症の治療は、予防、ＭＣＩ（軽度認知障害）、軽度、中等度、重度、終末期の各段階（ステージ）に分けられ、**初期段階から最終段階まで継ぎ目なしに診る「フルステージ診療」**が今、主流になりつつあります。ステージごとに何が必要かを理解し、それぞれに合った薬やケア、サービスなどを使い分けていきます。

現在、認知症の根本治療薬（病気を治す薬）はありませんが、認知機能を改善したり、進行を遅らせたりする薬はあります。治療薬があるのは、主にアルツハイマー型認知症です。日本では、「ドネペジル」「ガランタミン」「リバスチグミン」「メマンチン」の4種の薬が使えます。

このうち、ドネペジルとガランタミン、リバスチグミンの3種は、「アセチルコリンエステラーゼ阻害薬」と呼ばれるものです。アルツハイマー型認知症では、記憶の伝達物質であるアセチルコリンの減少が起こります。その減少をわずかでも抑えることで、記憶力の低下を防ごうとする薬です。なお、ドネペジルは、レビー小体型認知症にも適応があります。

メマンチンは、神経細胞を保護したり、神経のノイズを減らしたりして、神経の記憶の疎通をよくする薬で、中等度および重度の人に使われます。神経細胞を保護するという意味では、ほかの薬よりも強い薬です。現在は、これら4種の薬を組み合わせ、上手に選択しながら使っていくことが推奨されています。

ちなみに、脳血管性認知症では、原因となった血管の病気の薬が処方されます。高血圧の人には降圧薬を、糖

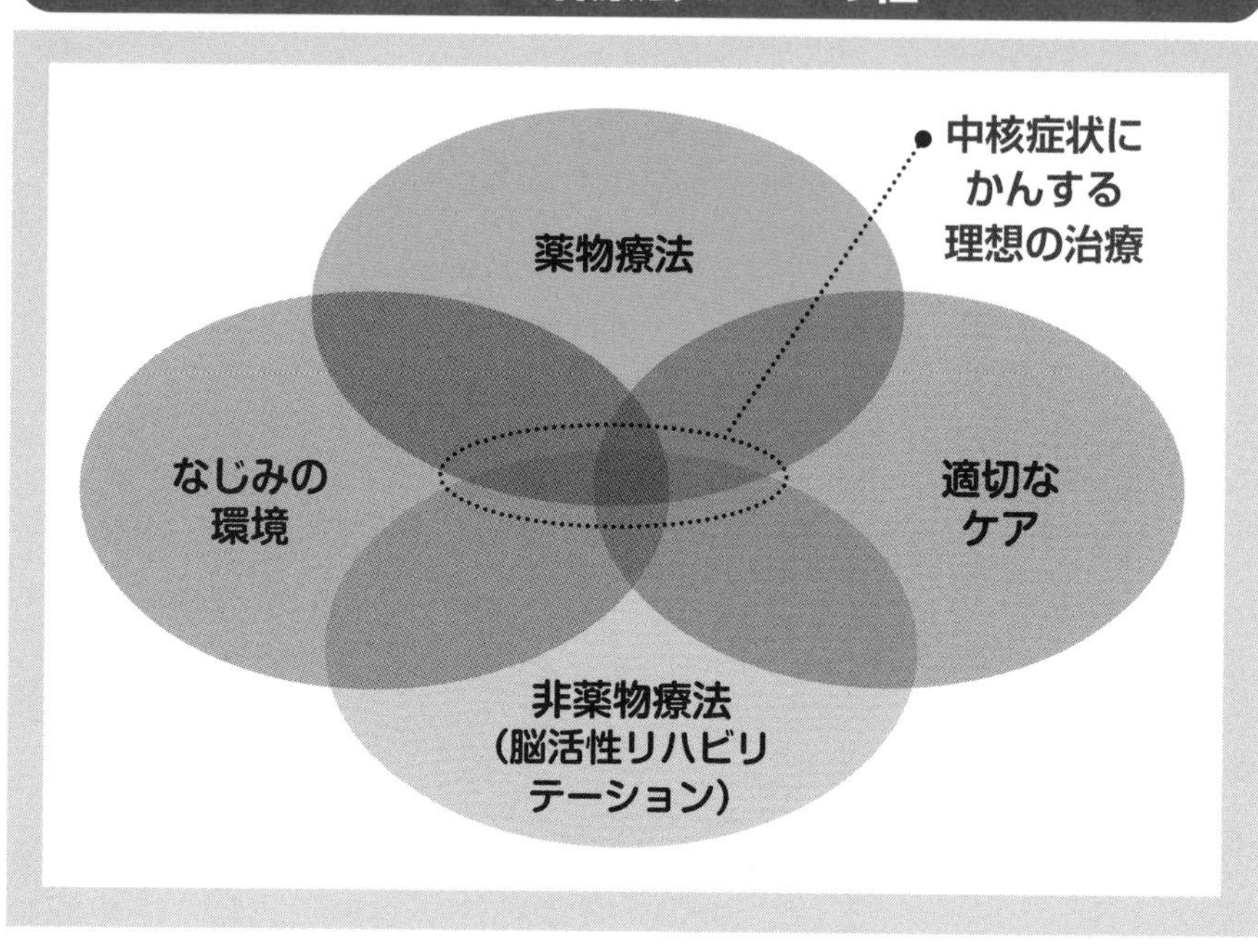

尿病の人には血糖降下薬が用いられます。

このほか、徘徊（はいかい）や暴言・暴力といった行動・心理症状（BPSD）が起こった場合、漢方薬の一種である抑肝散（よくかんさん）や、少量の非定型精神薬が処方されることがあります。

しかし、それらの薬も有効率は3〜4割程度。**薬だけでは限界があるので、非薬物療法も組み合わせて治療します。**具体的には、回想法（過去に起きたことを思い出しながら語り合うこと）、音楽・芸術療法、園芸療法、運動療法など、心と体にいいとされるさまざまな脳活性リハビリテーションがあります。

さらに、こうした治療の効果を高めるために必要なのが、家族や周囲の人とのコミュニケーション、本人への理解と温かい対応、介護サービスなどの利用といった適切なケアです。このほか、認知症の人は環境が変わると症状が悪化する（リロケーションダメージ）といわれているので、移転するさいには使い慣れた家具を持ち込むなど「なじみの環境」を継続することも大切です。

認知症の進行を防ぐには、これら四つの柱を踏まえて、本人も家族も幸せに暮らせる方法を探しましょう。

Q36 認知症の貼り薬があると聞きましたが、どのようなものですか？

A 脳の神経伝達物質の減少を防ぐ薬で、記憶力の低下で服薬を忘れがちな人に適している。

現在、認知症（特にアルツハイマー型認知症）の薬として用いられているのは、脳の神経伝達物質の減少を防ぐ**「ドネペジル」「ガランタミン」「リバスチグミン」**と、グルタミン酸の過剰な活性化を抑える**「メマンチン」**の4種類。この中で唯一の貼り薬が「リバスチグミン」（商品名：イクセロンパッチ／リバスタッチパッチ）です。

記憶障害などがあって認知機能が衰えている人にとって、薬の服用管理をすることは難しく、飲み忘れてしまうケースがたくさんあります。そこで、**認知症の人が薬を飲み忘れない**ように、2011年に日本と海外の薬剤メーカーが開発し、皮膚に貼るタイプの薬（貼付剤）が登場しました。

貼付剤の場合、**皮膚から薬効成分が吸収され、血中に持続的かつ安定的に供給されるため、飲み薬のように吐きけなどの副作用を抑えることができる**というメリットがあります。

また、**嚥下障害がある人にも使いやすい**と重宝がられています。ただし、貼付剤を貼った場所の皮膚がかぶれることがあるので要注意です。また、貼付剤に貼った日時を書いておくと、貼り替え忘れを防げます。

認知症の薬

分類	コリンエステラーゼ阻害薬			NMDA受容体拮抗薬
成分名（商品名）	ドネペジル（商品名：アリセプト）	ガランタミン（商品名：レミニール）	リバスチグミン（商品名：リバスタッチ、イクセロン）	メマンチン（商品名：メマリー）
剤形	錠剤、粉、ゼリー	錠剤、内服液	貼付剤	錠剤
適応重症度	軽度～重度	軽度～中等度	軽度～中等度	中等度～重度
主な副作用	下痢、吐きけ、嘔吐	下痢、吐きけ、嘔吐	かゆみ、かぶれ	めまい、便秘、頭痛
備考	レビー小体型認知症の適応あり	ー	ー	コリンエステラーゼ阻害薬と併用可

Q37 認知症の新薬のニュースの報道をよく見かけます。認知症は治る病気になるのでしょうか？

A 効果の高い新薬で発症を防げるのではないか、と期待されている。

最近、認知症の治療薬開発への動きが世界的に活発になっています。2021年6月、米国のバイオジェン社と日本のエーザイ社が共同開発した**「アデュカヌマブ」**が、米国FDA（食品医薬品局）にアルツハイマー型認知症の治療の新薬として、条件つきながら承認されました。この新薬は、アルツハイマー型認知症の原因とされている**アミロイドβ（ベータ）を取り除いて、神経細胞が破壊されるのを抑える**作用があるとされています。

この薬が承認されたことで、認知症の治療薬の開発が加速されると、当初は大きな期待が寄せられました。しかし、アデュカヌマブについては、以前からFDAの承認申請のための臨床試験の結果や有効性を疑問視する声が多く、米国の大学病院の中には、アデュカヌマブの使用を許可しないと決定したところもあります。条件つき承認なので、今後、正式承認のための臨床試験で効果が認められなければ、承認が取り消されることもあります。

日本では、2020年12月に両社から厚生労働省へ承認申請されましたが、2021年12月に承認が見送られ、それから現在まで厚生労働省の部会で継続審議中です。

このように苦戦しているアデュカヌマブに代わって、認知症の新薬として期待されているのが**「レカネマブ」**です。この薬も、**脳に蓄積されたアミロイドβを減らす**作用があるとされています。2022年秋にエーザイ社がレカネマブを米国FDAに申請したところ、2023年1月6日に承認されました。臨床試験のうち、856人が参加した中期治験では、アミロイドβの減少がほとんどの人で確認されたと伝えられています。

どちらの薬も、すでに進行した症状を回復させるのではなく、悪化を遅らせる効果が認められただけですが、少しでも効果の高い新薬が登場するのは明るい話題といえるでしょう。1日も早く、認知症を根治する治療薬が登場することを願うばかりです。

Q38 脳のトレーニングにはどんなものがありますか？

A 読み書き・計算・パズルのほか、音楽療法や芸術療法、園芸療法などで脳を刺激する。

脳を鍛えるためのトレーニング、いわゆる脳トレは、認知症の予防や改善に効果があるとされています。WHO（世界保健機関）も「認知機能トレーニングは有効」と指摘しています。

実際の症例などを見ても、これといった趣味や運動習慣もなく、ただ家でぼんやりと過ごしている人よりも、積極的に知的活動をしている人のほうが、認知症になりにくいようです。

脳トレにはさまざまな種類があります。認知症予防が期待されるのは、**読み書き**、**計算**、**パズル**、**しりとり**など脳をしっかりと使って考える問題です。単に反射神経を競うだけのゲームでは、認知症予防の効果はあまり期待できません。しかし、考えて答えを出す問題であっても、同じ問題をくり返しているだけではコツを覚えてしまって意味がありません。マンネリ化せずに、**常に新しい問題やゲームにチャレンジしていくことが大切**です。

そのほか、懐かしい歌を合唱する**音楽療法**や、絵画や陶芸などを制作する**芸術療法**、草花や野菜を育てる**園芸療法**など、多くの脳活性リハビリテーションがあります。

脳のトレーニングの例

回想法	昔の写真を見ながら思い出話をするなどして認知機能を改善する。
音楽療法	懐かしい歌を合唱することで、いやし効果、自信回復につなげる。
芸術療法	絵画や陶芸、俳句などを創作することで心身を回復させ生きがいを見出す。
バリデーション療法	本人の心と言葉を傾聴・共感して、価値を認め、力づける。
動物介在療法	犬などの動物を世話することにより、落ち着きを取り戻し、表情や感情が豊かになる。
短期集中リハビリ	介護老人保健施設などで、運動やリハビリ、音楽療法などの総合リハビリを1対1で週3回程度行う（3ヵ月程度で一定の効果を示す）。
リアリティ・オリエンテーション（RO）	時間や場所、人などの情報をくり返し伝え、現実に対する見当識の改善を図る。

Q39 認知症の母に脳のリハビリとして昔好きだったピアノをやらせようと思います。

A 本人が望んでいないなら、逆効果になる恐れがあるので、あまりおすすめしない。

お母さんがまだ健常であれば、認知症予防のためにピアノ演奏をすすめるのはとてもいいことです。昔を思い出して頭や体を使うのは、脳の活性化につながります。

ただし、お母さんがすでに認知症で、しかもピアノを弾きたくないと思っているのなら話は別です。**嫌がっているものを無理にすすめると、お母さんの心のストレスになって、かえって症状を悪化させる可能性があるので、あまりおすすめできません。**

Q38で、脳トレが認知症予防に効果があると解説しましたが、だからといって、本人があまり得意でないもの（計算問題や漢字の書き取りなど）を無理強いすると、それがストレスになって、逆効果になることもあるのです。たとえ好きだった趣味だとしても、「昔はできていたのに今はできなくなってしまった」という不安やいらだちなどの負の感情を抱かせてしまう場合もあります。

脳トレによる認知症の予防効果については、いまだ研究中であり、誰にでも効果が現れるとはかぎりません。また、すでに認知症を発症している人に、脳トレがどのくらい役立つのかもわかりません。大切なのは、やみくもに脳トレをすすめることではなく、**本人が楽しいと思えることをやらせてあげる**ことです。そのほうが、認知症の症状の進行を遅らせるのには役立つと思います。

もし、脳トレが楽しいと思う人であれば、ぜひ毎日行ってください。楽しいと思う趣味を満喫することは、認知機能低下のリスクを下げるということがわかっています。また、人との積極的なかかわりも認知機能の維持に有効で、ボランティアなどへの参加割合が高い人ほど、認知症リスクが少ないという報告もあります。

楽しくないことを無理にすすめるのではなく、**「本人の今の気持ち」**を大切に、いきいきと取り組めることを実践して、生きる喜びを少しでも感じてもらえるよう手助けをしてあげてください。

第4章

元気なうちから知りたい！備えたい！

認知症介護の準備・お金・心構えの疑問に答えるQ&A

Q40 ～ 57

親の介護は急に始まる！元気なうちから費用や保険について準備しよう！

山岡さん明日帰省するんだっけお父さんはお元気？
大丈夫電話すると元気そうだし
山岡希美さん（45歳）

うちの母は入院したら急に認知症を発症しちゃって
要介護認定の手続きとか介護保険の申請とか

介護費用を貯めてた母の口座から預金が引き出せなくなるし
え━！

気をつけてね介護って急に始まるのよ

要介護認定…介護保険…まいったなよく知らないや
介護することになったらどうなるんだろ

ただいまー

お帰り
元気に
してたか
あれ
ちょっと
やせたかな
ずいぶん
散らかってる
血圧の薬
もらいに
行くんでしょ
いっしょに
行くわ
お父さん
介護費用の
蓄えって
あるのかな？
仕事を辞める
わけには
いかないし……
先生
父は大丈夫
でしょうか？
なんだか
心配で……
まだしっかり
生活されて
ますが……
お父さまが
元気なうちから
介護について
どうするか
もしも認知症に
なったらどうするか
今のうちから
準備しておいた
ほうがいいですよ
クルッ
先生
どんな準備を
しておいたら
いいんでしょう？

Q40 「認知症」といっても今は元気なので実感がわきません。どんなタイミングで準備を始めたらいいですか？

A 75歳を過ぎると発症率が劇的に高まるので、準備や心構えを始める。

誰でも、老いや衰えについて考えるのは気が重いものです。多少、もの忘れがあったり、うっかりミスがあったりしても、本人も家族も「年のせいかな」「いや、まだ大丈夫」と、深刻に考えず、向き合うのを先延ばしにしてしまいがちです。

しかし、認知症は誰でも発症する可能性があります。一度、認知症を発症すると、否応なく家族の人は介護に直面することになります。近所とトラブルになったり、火の扱いが危うくなったりと、重大な事態につながる可能性も考慮しなければなりません。準備や心構えが十分でないと、精神的にも身体的にも経済的にも大きなダメージを負う可能性があるため、先延ばしにしていると、そのしわ寄せに悩むことになってしまいます。

そのため、判断力がしっかりしている元気なうちに、介護に備えて準備や心構えをすることが大切です。

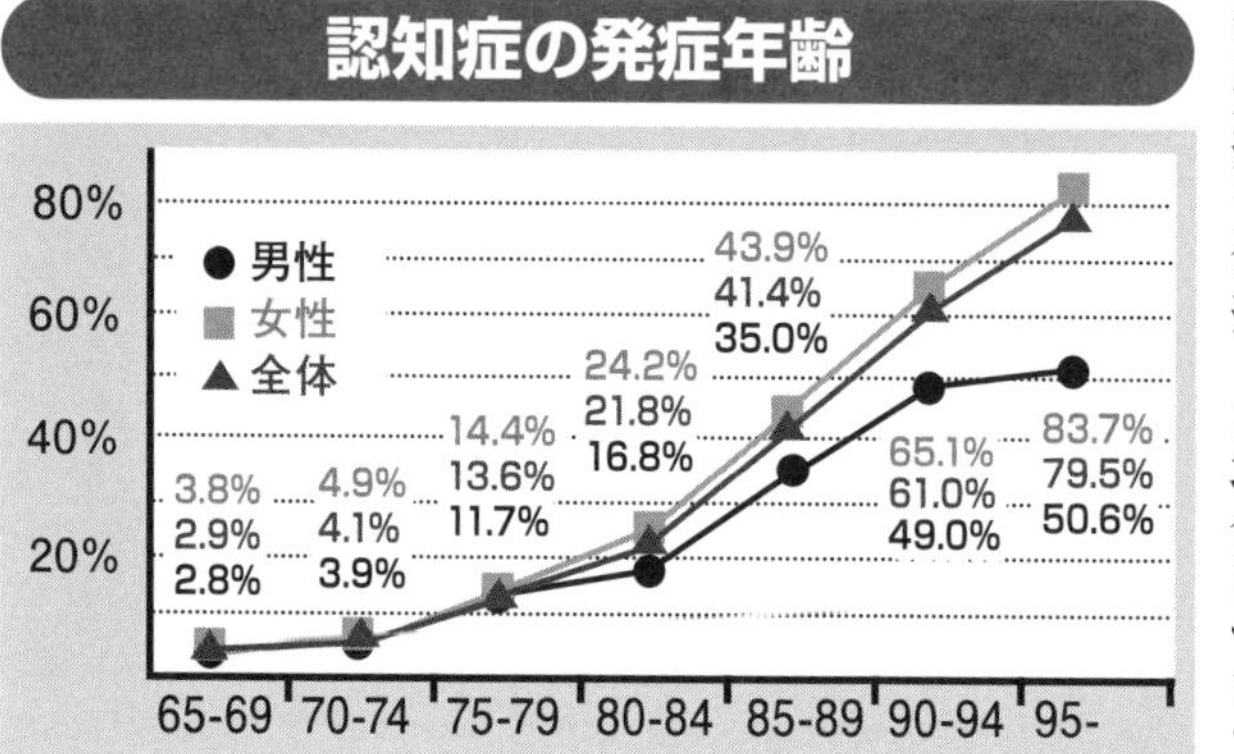

「まだまだ元気なので深刻に考えられない」という人でも、後期高齢者となる75歳を迎えたタイミングで一度、認知症を発症した場合について考えることをおすすめします。最近は定年退職後も65〜74歳までは元気に仕事を続けていたり、趣味や旅行を楽しんだりする人が多くなりましたが、75歳を過ぎると仕事を退職し、病院にかかる人が増えてきます。

また、認知症の発症率を見ても、65〜69歳では全体の3％程度。70歳前半では4％程度ですが、75〜79歳

グラフの出典：厚生労働省「認知症年齢別有病率の推移等について」より

では、全体の有病率は13・6％と約3倍に跳ね上がります。80歳以上では有病率はさらに上昇して、80代前半では21・8％、80代後半では41・4％、90歳を超えると全体の約6割が認知症を発症しています。

なお、**自分も家族も自覚できる認知症の発症を疑うサインとして覚えておいてほしいのは、「昨日の夕食が思い出せるかどうか」です。**

もし、思い出せないことがあったら、体験自体が抜け落ち、認知症によるもの忘れが起こっている可能性があります。

Q41 認知症の介護に備えて、家族間でどんなことを相談・共有したらいいですか？

A ❶親の資産、❷介護の方針、❸地域の介護サービスの情報について相談・共有する。

自分や家族が認知症になったときに備え、元気なうちから介護について、家族間で話し合い、「もしも」に備えてほしいと思います。話し合いにあたって、どのような情報を共有するといいのでしょうか。次の3点を共有するといいでしょう。

❶親の資産

介護の費用は、親の資産や年金でまかなうという考え方が一般的なので、親の資産がどれくらいあるか、家族で共有してほしいと思います。「親と資産の話をするのは気が重い」「子供にお金について知られたくない」という人もいると思いますが、必要なことです。

資産は、現金や銀行の預貯金だけでなく、**生命保険**、**動産**、**不動産**、**株**、**投資信託**なども該当します。また、銀行名や口座番号なども家族と共有したほうがいいでしょう。不要な財産については売却するなどして整理するのも大切です。

未払いの家賃や税金などマイナスの資産がある人もいるかもしれませんが、そうした情報も共有してください。

また、預金が引き出しやすいように、使っていない口座を解約して一つにまとめておきましょう。10年使っていない口座は「休眠預金」となり、引き出すのが難しくなるので、元気なうちに行っておくことをおすすめします。

また、家族が預金を引き出せるように、口座名義人の家族が預金を引き出せる「代理人カード」(家族カード)を銀行で作っておくといいでしょう。また、将来、認知症になって財産を管理する能力がないと判断されると、口座が凍結されてしまうので、判断力がしっかりしているうちに成年後見制度や家族信託の利用を検討するのも大切です(くわしくはQ50を参照)。

エンディングノートを利用して、自分が持っている資産の情報を整理しておくのもいい方法です。

❷介護になったときの方針や家族の役割分担

介護は、家族がワンチームになって行うことが望ましいのですが、忘れてはいけないのは、そのチームの中に本人も入っていることです。在宅か施設入所か、施設を利用するならどんな施設がいいかの希望なども確認して共有しましょう。

いざ介護になったときに、家族の中の誰か1人に負担が集中しないように役割分担を考えておきましょう。

近年、核家族化が進み、子供がそれぞれ離れて住んでいる家庭が増えており、各家庭の事情もさまざまです。介護では、本人や家族の代表として意思決定をしたり、緊急連絡時の窓口になったりする「キーパーソン」が必要なので、誰が担当するかを決めておきましょう。そのほか、お金を管理する人、平日に介護を担当する人、週末に担当する人など、各家庭の状況に合わせて担当を考えておくことをおすすめします。

❸地域の介護サービスの情報

介護負担をできるだけ減らすには、地域のさまざまなサービスを積極的に利用してください。近年、認知症の人とともに安心して住み慣れた地域の中で生活できるよう、地域の病院やクリニック、介護施設などが緊密に連携し、専門性の高い医療・介護・生活支援・疾病予防のサービスが受けられる**「地域包括ケアシステム」**と呼ばれるしくみづくりが進められています。

地域ごとに、さまざまな施設や窓口が設置され、介護予防の取り組みなども盛んに行われています。例えば、各自治体には、高齢者介護の総合的な窓口になる**地域包括支援センター**や**社会福祉協議会**、**福祉窓口**など、困りごとに対応してもらえる窓口がたくさんあります。介護予防を目的とした高齢者の**体操教室**、孤立予防のために高齢の人が交流する**「通いの場」**、介護の悩みや情報交換のための**「認知症カフェ」**などもあります。

なお、地域包括支援センターや役所の福祉課などに行くと、**「認知症ケアパス」**※という無料の冊子があります。地域の相談窓口や医療機関、取り組み、介護サービスなどの情報がまとめられているので、もらっておくといいでしょう。

元気なうちにしておきたい介護の準備チェック

親の資産チェック

- □ **親の資産額**を子供と**共有**しておく。
- □ **不要な資産を売却**したり、**銀行口座は１つにまとめ**たりして、利用しやすい形にしておく。
- □ **代理人カード**を作っておく。
- □ **家族信託**や**成年後見制度**を検討する。
- □ **銀行の通帳やカード、印鑑**などの場所を**共有**する。

介護の方針について

- □ **在宅介護**か**施設介護**か、本人をまじえ**介護の方針**を決めておく。
- □ **介護のキーパーソン**を決めておく。
- □ **役割分担**を考える。

地域の情報について

- □ **地域包括支援センター**などに行き、**地域の相談窓口**や**介護サービス**、**民間の生活支援サービス**などを把握しておく。
  ※認知症ケアパスをもらっておくといい。

●地域包括ケアシステムのイメージ

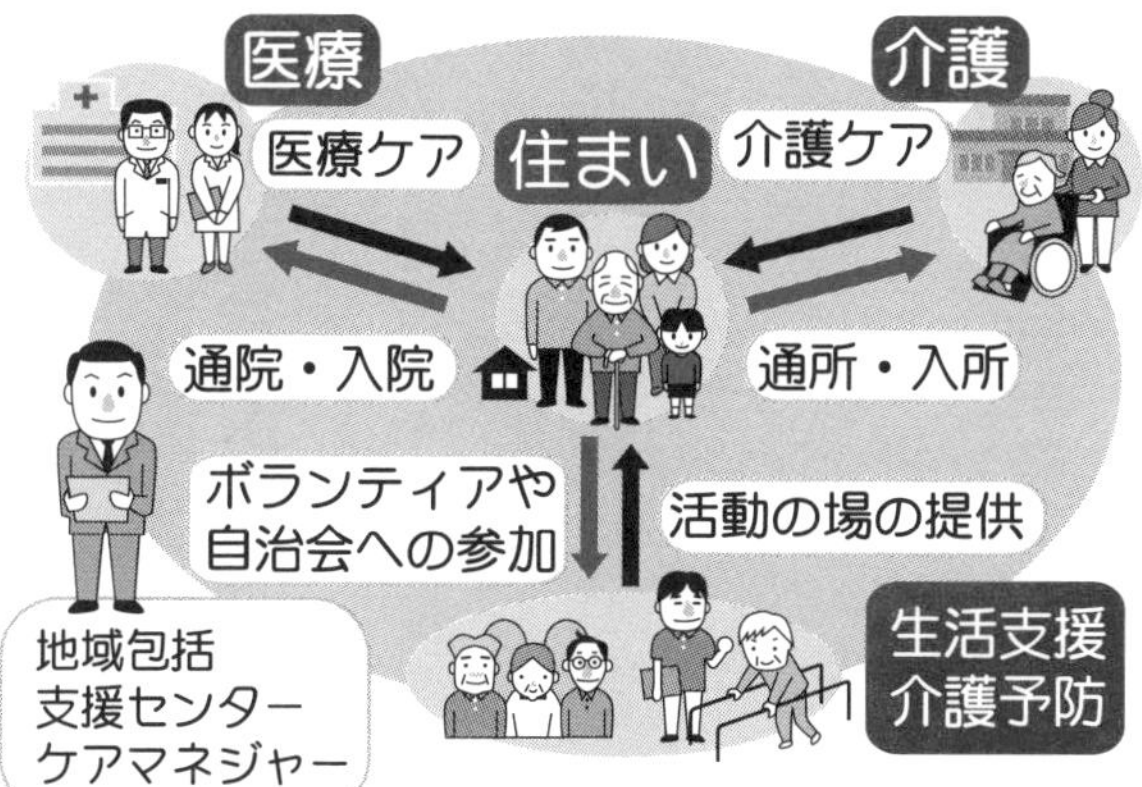

認知症の人とともに安心して住み慣れた地域で生活できるよう、地域の病院やクリニック、介護施設が緊密に連携して医療・介護・生活支援・疾病予防のサービスが受けられるしくみ。

※認知症ケアパスは市区町村のホームページで公開されている地域もあります。

Q42 週に1度は電話で親のようすを確認しています。元気そうであれば認知症の心配はないですよね？

A 電話では子供に衰えを見せないもの。定期的に顔を合わせて親のようすをチェックする。

現在は親子で離れて暮らす家族が増えており、お盆と正月、あるいはどちらかにしか帰省しないという人も多いと思います。親のようすを確認するために、定期的に電話をすることとは、とてもいいことです。

しかし、「電話では元気だったから」と安心しないほうがいいでしょう。**親は「心配をかけまい」として、子供に自分の衰えを見せないものです。**久しぶりに帰省してみたら、部屋の中が乱雑になっていたり、冷蔵庫に同じものがいくつも入っていたりして、親の衰えに気づくケースが多々あります。**75歳を過ぎたら、連絡を密にして、帰省の回数も増やし、直接顔を合わせる機会を増やすといいでしょう。**

Q43 帰省したときにチェックすべきところはなんですか？

A 冷蔵庫に同じ食べ物がたくさんないか、部屋が整理されているかなどをチェックする。

ごくたまにしか親と顔を合わせないと、なかなか親の衰えに気づきにくいもの。親と離れて暮らしている人が、親の認知症にいち早く気づくには、どうしたらいいのでしょうか。

脳の衰えが進むと、それまでできていた動作や作業が徐々に負担になり、日常的な家事をこなすのが難しくなります。そうなると、家のさまざまなところにそのサインが現れます。実家から離れて暮らしている人は、その予兆を見逃さないよう、帰省のタイミングで、次のようなことをチェックしてください。

まずは**冷蔵庫**です。**食材の賞味期限が切れていたり、豆腐や牛乳など同じ食材をたくさん買っていたりしてい**

帰省時に確認したい親の認知症のサイン

冷蔵庫に現れるサイン

- □ 賞味期限が切れているものが多い。
- □ 同じ食材がいくつもある。

ゴミや部屋の掃除、片づけに現れるサイン

- □ ゴミの分別ができていない。
- □ 部屋にゴミがたまっていたり、雑然としたりしている。
- □ 新聞や雑誌をため込んでいる
- □ クローゼットや食器棚などの収納場所が整理されていない。
- □ 郵便物や書類がため込んである。

料理に現れるサイン

- □ 料理の味つけがおかしくなった。
- □ 料理をせずにコンビニやスーパーの弁当・総菜を多用している。

ると、認知症を発症している疑いがあります。認知症を発症して短期記憶が衰えると、冷蔵庫の中にある物を把握したりするのが苦手になり、買い物に行くたびに「買っておけば安心だろう」と思って、買い置きの習慣がある物を買い足すようになります。また、消費期限を覚えておくことも難しくなります。

また、**ゴミの分別や処分**ができているかもチェックしてください。「可燃ごみ」「不燃ごみ」「ビン・缶・ペットボトル」「古紙」など、ゴミ出しをするときは、種類別に分別して収集日を把握して、指定の日時・場所に捨てるというプロセスがあり、高度な脳の働きを要します。ゴミの分別ができていなかったり、ゴミが部屋の中でたまりがちだったりすると、脳の衰えのサインかもしれません。ゴミの分別ができていないと、ご近所トラブルにもつながる可能性があるので、要注意です。

このほか、**以前より部屋が散らかっていたり、食器棚やクローゼットのような収納場所の整理がおろそかになっていたりした場合も心配です。**掃除や整理整頓も、どこに何をしまうか、どう整理したら効率的か、あれこれと頭を使いながら行うため、そうした作業が苦手に

なっているサインと考えらえます。

このほか、**「帰省したときに親の手料理を食べたら、味つけがおかしい」**というのも、認知症のサインの可能性があります。認知症の初期には海馬の近くにある嗅覚をつかさどる部位も萎縮します。嗅覚は味覚と密接に関係しているため、それまで料理を作っていた人の味つけが変わってくることがあるのです。

また、料理をせずにスーパーの弁当や総菜などで済ませていたら、脳が衰えて料理が苦手になっているサインかもしれません。

気をつけてほしいのは、以上のようなことに気づいても「こんなに買ったらダメじゃないか」「ちゃんと分別しなきゃ」と、叱責するのはいけません。こうしたサインがある場合、ご本人も、家事がこなせない自分に歯がゆい想いを抱き、不安に苛まれていることが多いのです。家族から責められると、ご本人の苦しみが増すばかりです。いっしょに家事をしたり、さりげなく指摘したりして、まずはご本人を不安にさせないように接してください。その状態を受け入れてから、医師などにどう相談するかを考えてほしいと思います。

Q44 「親が認知症かもしれない」と思ったら、どこに相談したらいいのでしょうか？

A 地域包括支援センターなら介護の手続きからお金の相談まで総合的な相談ができる。

ご本人にかかりつけ医がいれば、その医師に相談するのが一番です。その医師が認知症の診断ができなくても、地域の**認知症疾患医療センター**（認知症の早期診断ができる診療所）など、認知症の診断ができる適切な医療機関を紹介してくれます。

かかりつけ医がいない場合は、お近くの**「地域包括支援センター」**に相談するのがおすすめです。地域包括支援センターとは、65歳以上の高齢者とそのご家族、あるいは介護や支援を行っている方の暮らしを地域でサポートする公的機関です。

地域包括支援センターでは、**社会福祉士**や**保健師**、**主任ケアマネジャー**といった職員が専門的な知識を用いて無料でさまざまな相談に乗ってくれます。「介護の資金が足りない」「親が認知症になってしまったが障害がある子供がいるので介護できるか不安」など、介護の悩みは家庭ごとに異なります。それぞれの問題に対応する専門機関を回るのは大変ですが、地域包括支援センターではさまざまな専門職が職員として常駐しているので、総合的な見地で相談に乗ってもらえます。

また、**現段階で親に認知症の徴候がなくても、「離れて暮らす親の生活が心配」といった悩みにも対応してくれます。**

ちなみに、地域包括支援センターは「長寿サポートセンター」「高齢者支援総合窓口」など、地域によって呼び方が異なる場合もあります。親と離れて暮らしている場合、担当となる地域包括支援センターは、親が住む地域のものになります。自分が住む自治体では対応してもらえないので、留意しておいてください。

そのほか、市区町村の相談窓口や、保健所、保健センターでも、認知症について相談できます。

1980年に結成された公益社団法人「認知症の人と家族の会」は、全国都道府県に支部がある公益社団法人です。認知症の人やその家族の電話相談をフリーダイヤルで対応しています。

地域包括支援センターとは

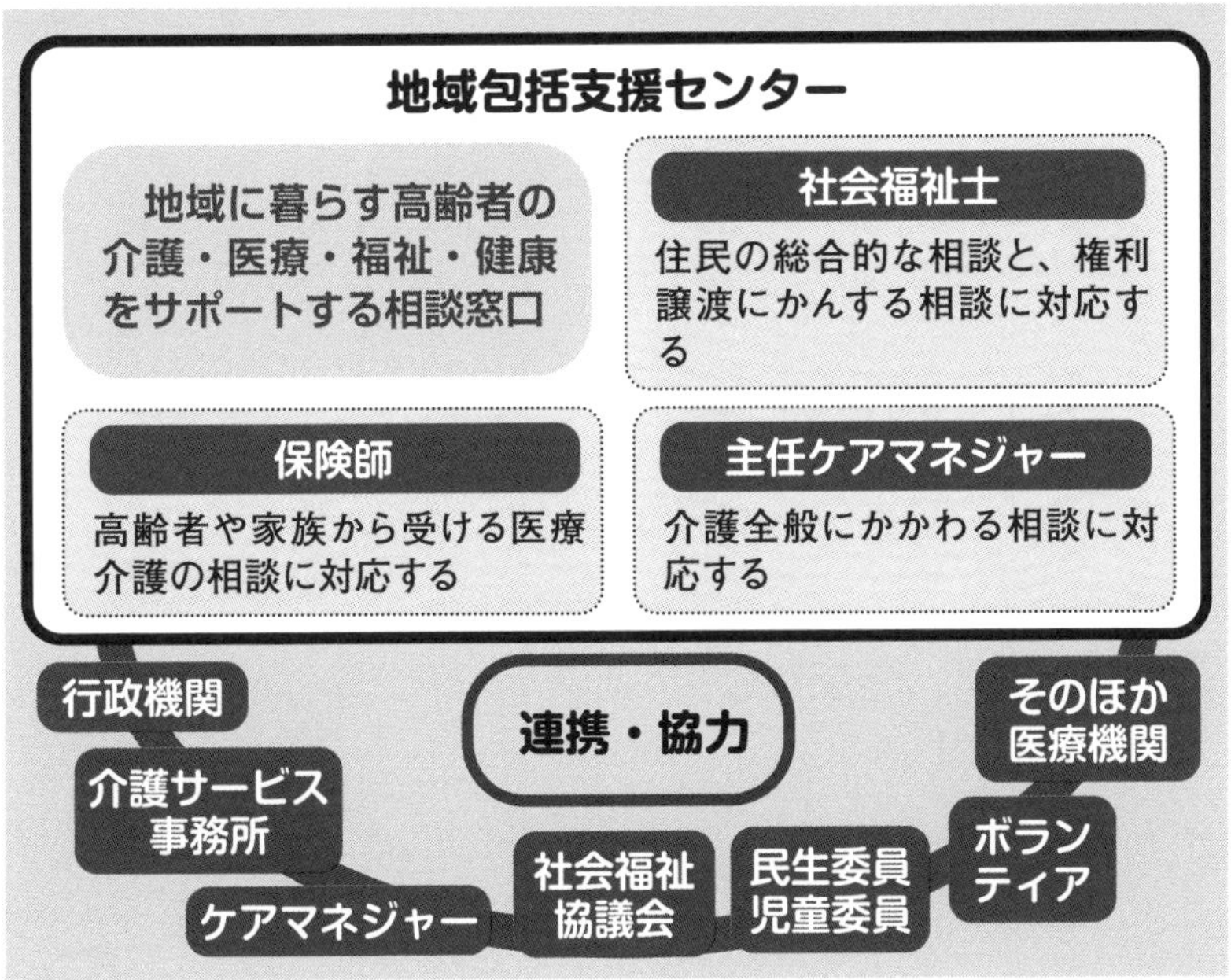

地域包括支援センター

地域に暮らす高齢者の介護・医療・福祉・健康をサポートする相談窓口

社会福祉士
住民の総合的な相談と、権利譲渡にかんする相談に対応する

保険師
高齢者や家族から受ける医療介護の相談に対応する

主任ケアマネジャー
介護全般にかかわる相談に対応する

連携・協力

行政機関
介護サービス事務所
ケアマネジャー
社会福祉協議会
民生委員 児童委員
ボランティア
そのほか医療機関

Q45 認知症の介護は自分の生活を犠牲にしたり、お金がかかったりするイメージがあります。

A 自己負担1～3割の介護保険サービスを積極的に利用して負担を抑えよう。

自宅での介護が始まると、介護に時間を取られ、多かれ少なかれ仕事やふだんの生活に影響が出ます。介護費用を親の資産ですべてまかなえたとしても、仕事に悪影響が出れば、それだけ経済的な損失を負っていることになります。場合によっては、介護をする子供に金銭的な負担がかかることもあります。

介護に備えるには、そうした損失をどこまで受け入れられるかを想定することも必要です。

しかし、**介護のために仕事を辞めたり、生活を犠牲にしたりするのはできるだけさけなければなりません。**そこで、ぜひ、介護保険サービスを積極的に利用してほしいと思います。介護保険サービスとは、要介護・要支援状態にある「65歳以上の高齢者」と、介護する家族を社会全体で支えるしくみです。要介護認定を受けると、保険料と国・自治体の財源で1～3割の自己負担で次のようなサービスが受けられます。

●**訪問サービス**……要介護者の自宅を訪問して、買い物や掃除といった生活の支援をしたり、介護・リハビリ・入浴などの介護を提供したりする。

●**通所サービス**……要介護者や要支援者に施設に通ってもらい、食事・排せつ・入浴などの介護やリハビリを提供する。

●**短期入所サービス**……要介護者に短期間、施設に入所してもらい、入浴や排せつ、食事などの介護や日常生活のリハビリなどを行う。

こうしたサービスを上手に利用して、負担を減らしましょう。

デイケアでの飲食代や介護タクシー代、入院中の世話、認知症の家族の見守りなどは介護保険の適用外です。保険適用外のサービスは、各自治体の社会福祉協議会やボランティア団体などで行っていることがあるので、そうしたサービスを把握しておきましょう。

Q46

認知症の介護期間はどのくらいですか？ つらい日々が続くと思うと不安です。

病状が進行すると、徘徊（はいかい）や暴言、介護への抵抗などが頻繁に起こり、在宅介護が難しくなる時期が訪れます。このような本人の混乱も介護者の負担も大きい時期に、どう対処するかが問題です。在宅介護に限界を感じたら、適切なタイミングで施設への入所を検討しましょう。あらかじめ準備をしておくことで、精神的な負担を軽くすることができます。

A 一般的に介護期間は5年程度だが、症状が重くつらい期間にどう対処するかが大切。

認知症は徐々に進行していく病気で、基本的には回復することはほとんどありません。先が見えない介護が続くと、精神的にも経済的にも負担がかさみ、やがて追いつめられてしまいます。

介護の期間は人によってさまざまで、半年で終わる人もいれば、10年、20年と続く人もいます。一応の目安として、生命保険文化センターが行っている調査があります。この調査によれば、介護を行った期間（現在介護を行っている人は、介護を始めてからの経過期間）は平均61・1ヵ月（5年1ヵ月）となっていて、内訳をみると、4～10年未満が最も多く、次いで10年以上が17・6％、3～4年が15・1％となっています。

病状初期のうちは、行動・心理症状（BPSD）が起こっても適切に対応したりサービスを利用したりすれば、さほど大きな負担を感じず過ごすことは十分可能です。

介護にかかわる期間

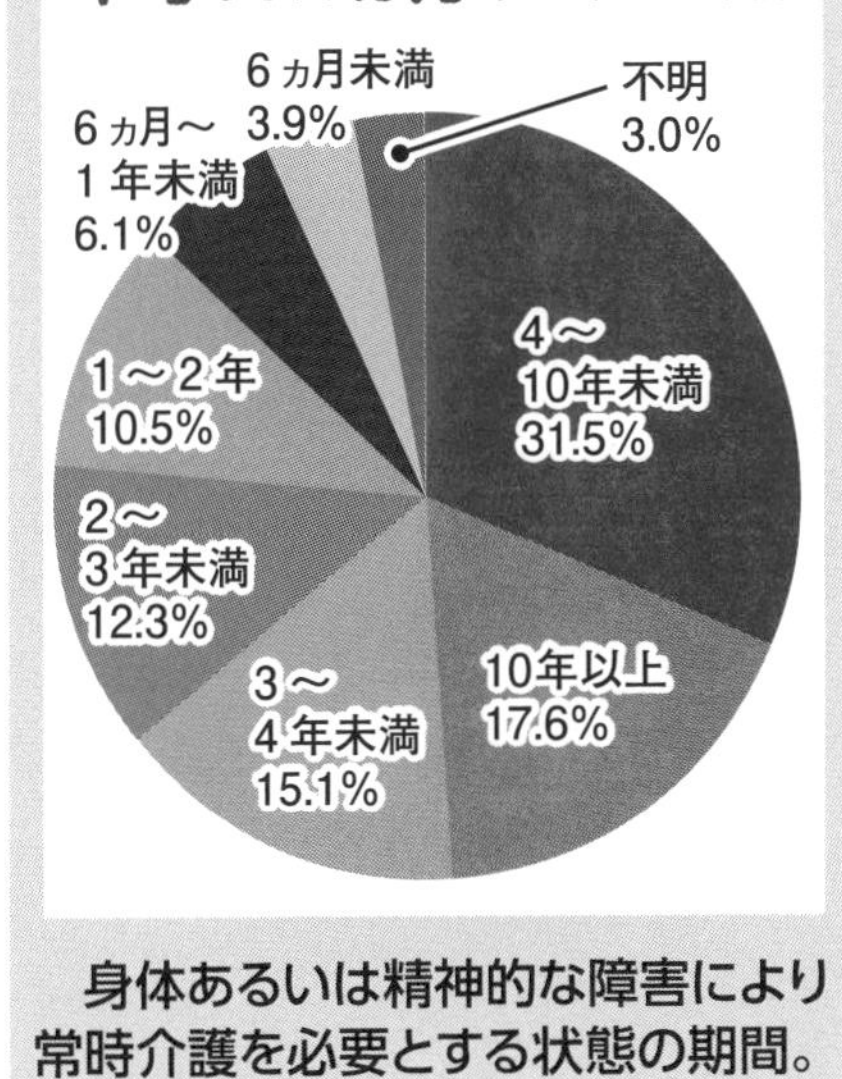

身体あるいは精神的な障害により常時介護を必要とする状態の期間。

データの出典：令和３年度の生命保険文化センターによる調査結果より

Q47 一般的に、介護はどのくらいの費用がかかるのですか？ 子供も費用を負担すべきですか？

A 在宅では月5万、施設介護では月12万円かかり、費用は親の介護資金でまかなうのが基本。

介護費用は、毎月の介護保険サービス料の自己負担分、生活支援サービスの利用料、医療費、おむつ代、介護食代などがあります。

介護費用は、生命保険文化センターの調査によれば、**全体の平均は月に8万3000円、在宅介護なら月に4・8万円、施設介護では12・2万円と推計されています。**Q46で述べた介護期間の結果から、仮に介護期間を平均の61・1ヵ月としたら全体で費用はおよそ500万円かかる計算になります。

また、在宅介護を始めるときの、バリアフリー工事をしたり、介護用ベッドを購入したりする一時的な費用に平均74万円が必要になるといわれています。要介護度別に見ると、要介護度が上がるにつれて介護費用も上がっていき、要介護1なら月に平均5万3000円、要介護5なら10万6000円になると報告されています。施設に入所すると施設の費用・宿泊費・食事代もかかるので、病状が進むにつれて徐々に金額が上がっていき、さらに負担も大きくなると考えられます。

介護は、親の資産や年金で行うのが原則です。介護の準備や計画を立てるときは、子供の負担は考えず、親の資産や年金でまかなうことを前提に考えましょう。

介護にかかる費用

月々の費用
平均 8万3000円／月

施設での介護：12万2000円／月
在宅での介護：4万8000円／月

一時的な費用 平均 74万円

8万3000円 × 61.1ヵ月
（月々の費用）（平均の期間）
＝総費用の目安 507万1300円

介護費用の内訳
・介護保険サービス料の自己負担分
・生活支援サービス　・医療費
・施設介護にかかる生活費
・住宅改修費
・雑費（おむつや衛生用品など）

データの出典：令和３年度の生命保険文化センターによる調査結果より

Q48 親が蓄えた介護資金が少ないようです。介護費用がらくになる制度はありますか？

A 介護サービスの自己負担分を軽減する制度や障害者手帳を取得する方法がある。

介護費用の支出を抑えるさまざまな制度があるので、紹介しましょう。

●高額介護サービス費

介護保険サービスは、所得に応じて1～3割の自己負担額で受けられます（125ﾍﾟｰｼﾞ参照）。**高額介護サービス費という制度は、介護保険サービスをたくさん利用して1ヵ月の自己負担額が一定の基準額を超えた場合、その超過分が払い戻される制度です。**基準額は収入によって異なります（下の表①を参照）。例えば年収500万円の人は下の区分の③に該当しますが、この場合、月額5万5000円の介護費用を支払った場合、世帯の高額介護サービス費の基準額は4万4400円なので、差額の1万600円が支給されます。

該当する場合は、役所から通知が届きます。初回の申請時に振り込み口座を記入すれば、その後は申請の必要

1 高額介護サービス費の上限額

区分	負担の上限額
①年収約1160万円以上	14万100円（世帯）
②年収約770万円以上約1160万円未満	9万3000円（世帯）
③年収約380万円以上約770万円未満	4万4400円（世帯）
④世帯の誰かが住民税課税対象	4万4400円（世帯）
⑤世帯全員が住民税非課税 ※前年の公的年金を含む合計所得の金額が80万円以下	2万4600円（世帯） 1万5000円（個人）
⑥生活保護受給者など	1万5000円（世帯）

2 高額医療・高額介護合算療養費制度の基準額

※低所得は市町村民税非課税の人	基準額（年間）	
	一般	低所得※
70歳未満がいる世帯	67万円	34万円
70～74歳がいる世帯	62万円	31万円
後期高齢者医療制度	56万円	31万円

はありません。初回で申請しないと、その後は申請ができないため、必ず申請するようにしてください。

●高額医療・高額介護合算療養費制度

認知症は、基本的に根治する病気ではないので、通院が長引くとそれだけ医療費もかかります。また、高齢になると持病で通院する機会も増えます。

高額医療・高額介護合算療養費制度は、1年間の医療費と介護保険の自己負担分を合計し、一定の基準額（103ページの表②参照）を超えた場合は、その超過額を払い戻しする制度です。該当の人は、役所から通知が届くので、忘れずに申請するようにしてください。

●特定入所者介護サービス費

ショートステイや介護保険施設（特別養護老人ホームなど）を利用するさい、所得や資産が一定以下の人に、利用限度額を超えた居住費と食費の負担額が介護保険から支給される制度です。

単身の場合は、預貯金などの資産（不動産や動産、などの資産を含む）が650万円以下、夫婦の場合は1650万円以下の人が対象となります。利用を希望する人は、ケアマネジャーに相談しましょう。

●障害者手帳を取得する

障害者手帳というと若い人に交付されるイメージがありますが、実は年齢制限はなく何歳でも申請できます。

障害者手帳には「身体障害者手帳」「療育手帳」「精神障害者保健福祉手帳」の3種があり、認知症の症状で日常生活に支障をきたしていたら精神障害者保健福祉手帳の対象になります。脳卒中の後遺症やパーキンソン病で手足にマヒがあったり、視覚・聴覚に障害があったりして障害が認定されると、身体障害者手帳の申請ができます。

障害者手帳を持っていると、所得税や住民税の控除、医療費の助成、公共料金の割引、障害福祉サービスの利用など、さまざまなメリットがあります。希望する人は、6ヵ月以上受診歴がある指定医師に診断書を作成してもらって市区町村の障害福祉担当窓口に申請すれば、交付の対象になります。

そのほか、自立支援医療（精神通院医療）制度や障害年金も、条件が合えば使える場合があります。

以上のほかにも、自治体によっては独自の高齢者向けの融資制度があるところもあります。地域包括支援センターで問い合わせてみるといいでしょう。

Q49 私は長年、1人暮らしをしているのですが、どのように認知症に備えたらいいですか？

A 日常生活自立支援事業などを利用すれば認知症でも1人暮らしを続けられる。

家族と離れて暮らしていたり、配偶者と離別・死別したり、生涯未婚だったりと、さまざまな理由で1人暮らしをしている**「おひとりさま」**の高齢者が増えています。**おひとりさまは、もの忘れを指摘する同居人がいないため、発見が遅れて認知症が進行してから受診するケースが多く見られます。**

おひとりさまが認知症に備えるには、まず、ふだんから健康状態をなんでも相談できる**かかりつけ医**を持つことが大切です。また、離れて暮らす家族と連絡を密にしたり、近所の人や友達とのつながりを増やしたり維持したりするようにしましょう。そのためにも、**地域の通いの場**や**介護予防の体操教室**、**趣味の集まり**などに参加して、人づきあいを保つことをおすすめします。

最近は、認知症になっても適切な支援があれば1人暮らしを続けられます。そこで、財産や生活を守るために、判断能力がしっかりしているうちから財産管理を後見人に代行してもらう**「成年後見制度」**や、財産管理を家族に託す**「家族信託」**の利用を検討するといいでしょう（Q50を参照）。

日常生活自立支援事業

高齢者や認知症などの病気のために生活に不安のある人が、自立した生活が送れるように生活支援員が支援する制度。

できること

- **福祉サービスの利用**の手伝い。
- **福祉サービスの利用料**や**公共料金**などの支払いの手続き、確認など。
- **生活費**や**年金**を預貯金から払い戻したり預け入れたりするときに**同行・代行**する。
- **郵便物**や**通知物**の確認。
- **行政**や**事業所**での手続きの補助。
- **通帳**や**証書**、**権利証**、**印鑑**などの預かり。
- **生活の見守り。**

➡ **申し込み先：地域の社会福祉協議会**

認知症に自分で気づくセルフチェック

あてはまる項目にチェックしてください。

チェック項目	全くない	ときどきある	頻繁にある	いつもそうだ
❶ 財布やカギなどを置いた場所がわからなくなる	1点	2点	3点	4点
❷ 5分前に聞いた話を思い出せない	1点	2点	3点	4点
❸ まわりの人から「いつも同じことを聞く」といわれる	1点	2点	3点	4点
❹ 今日の日付がわからないことがある	1点	2点	3点	4点
❺ いおうとしている言葉がすぐに出てこない	1点	2点	3点	4点
チェック項目	**問題なくできる**	**だいたいできる**	**あまりできない**	**できない**
❻ 貯金の出し入れやお金の支払いを1人でできる	1点	2点	3点	4点
❼ 1人で買い物に行ける	1点	2点	3点	4点
❽ バスや電車などで1人で外出ができる	1点	2点	3点	4点
❾ 掃除機などで自分で掃除ができる	1点	2点	3点	4点
❿ 電話番号を調べて電話をかけられる	1点	2点	3点	4点
合計点数が20点以上なら認知機能の低下や社会生活に影響が出ている可能性がある。				**点**

おひとりさまにおすすめなのが、**「自立生活支援事業」**です。これは、高齢や認知症、精神的な病気などで日常生活に不安のある人が地域で安心して自立した生活が送れるよう、生活支援員が金銭管理や福祉サービスの利用、見守りなどの支援を行う制度です。市区町村の社会福祉協議会が主体となって行っているので、問い合わせてみてください。

おひとりさまの認知症の発見のため、上にセルフチェックを掲載しました。これらの項目に身に覚えがあったら、かかりつけ医や認知症専門医、認知症初期集中支援チーム（74ページQ29を参照）に相談することをおすすめします。

セルフチェックの出典：東京都福祉保健局「自分でできる認知症の気づきチェックリスト」

Q 50 母が1人暮らしなので、認知症になったら詐欺に遭わないか心配です。

A 任意後見制度や家族信託で、認知症になる前に財産の管理を委託する方法がある。

近年、高齢者を標的とした詐欺が問題になっています。特に、認知症になると、判断力が低下して詐欺に遭うリスクが高まります。そこで、判断力の低下に備え、財産の管理を他者に代行してもらう**「成年後見制度」**や**「家族信託」**という制度があります。

成年後見制度は、信頼できる家族や友人、弁護士、司法書士、社会福祉士などを後見人に選んで契約を結び財産の管理を補助・代行してもらう制度です。後見人には、預貯金の管理や公的年金の受け取り、財産の管理・処分、施設への入居や入院の手続き、費用の支払いなどを代行してもらえます。詐欺などで本人が結んだ不当な契約を取り消すことができるのも優れた点です。

成年後見制度には**「法定後見制度」**と**「任意後見制度」**の2種類があります。法廷後見制度は、本人の意思能力がすでに低下している場合に、家族などが家庭裁判所に申し立てをして後見人を選任してもらう制度で、判断力の低下の度合いが大きい順に成年後見人、保佐人、補助人の3段階に分かれます。一方の任意後見制度は、本人の意思能力があるうちに、自分の意思で後見人を選定しておくものです。

成年後見制度は財産をしっかりと守る観点では信頼できる制度ですが、手続きが煩雑なうえ、法定後見制度では家族以外の司法書士や弁護士が後見人に選任されやすく、そうなると一定の報酬を支払う必要があったり、家族でも家庭裁判所を通さないと自由に預金を引き出せなくなったりとめんどうなため、利用する人はあまり増えていないようです。頼れる家族がいないおひとりさまや、なんらかの事情で家族に財産管理を任せられない人は、利用する価値があると思います。

最近は、親が元気なうちに子供に財産管理を委託する**家族信託**を利用する人が増えています。家族信託は、文字どおり「家族を信じて託す」という意味の制度で、財産を託された家族が柔軟に財産の管理が行えるようになります。

ただし、子供が親の財産を勝手に使ったり、悪用したりするトラブルが起こる可能性はあるので、信頼できる家族がいることが前提となる制度であることは念頭に置いておきましょう。

将来、判断能力や意思決定能力が低下すると、成年後見制度しか選択肢がなくなってしまいます。判断力がしっかりしているうちに、メリットとデメリットを踏まえ、準備しておきましょう。

成年後見制度

	成年後見制度			任意後見制度
後見人	成年後見人	保佐人	補助人	任意後見人
対象者の判断能力	ない	著しく不十分	不十分	ある
後見人ができること	●預貯金の引き出し ●税金などの支払い ●不利益な契約の取り消し ●遺産分割手続き ●医療や介護の契約や支払いなど			契約で定めた内容 ※不当な契約の取り消しはできない
後見人の選任	配偶者・親族・市区町村長などが家庭裁判所に申請し、家庭裁判所が選任。専門家の場合が多い			判断力があるうちに本人が任意後見人を選び、公正証書で契約
報酬	月額2万〜6万円			契約で決める
家庭裁判所への報告	原則として1年ごと			契約で決める

家族信託

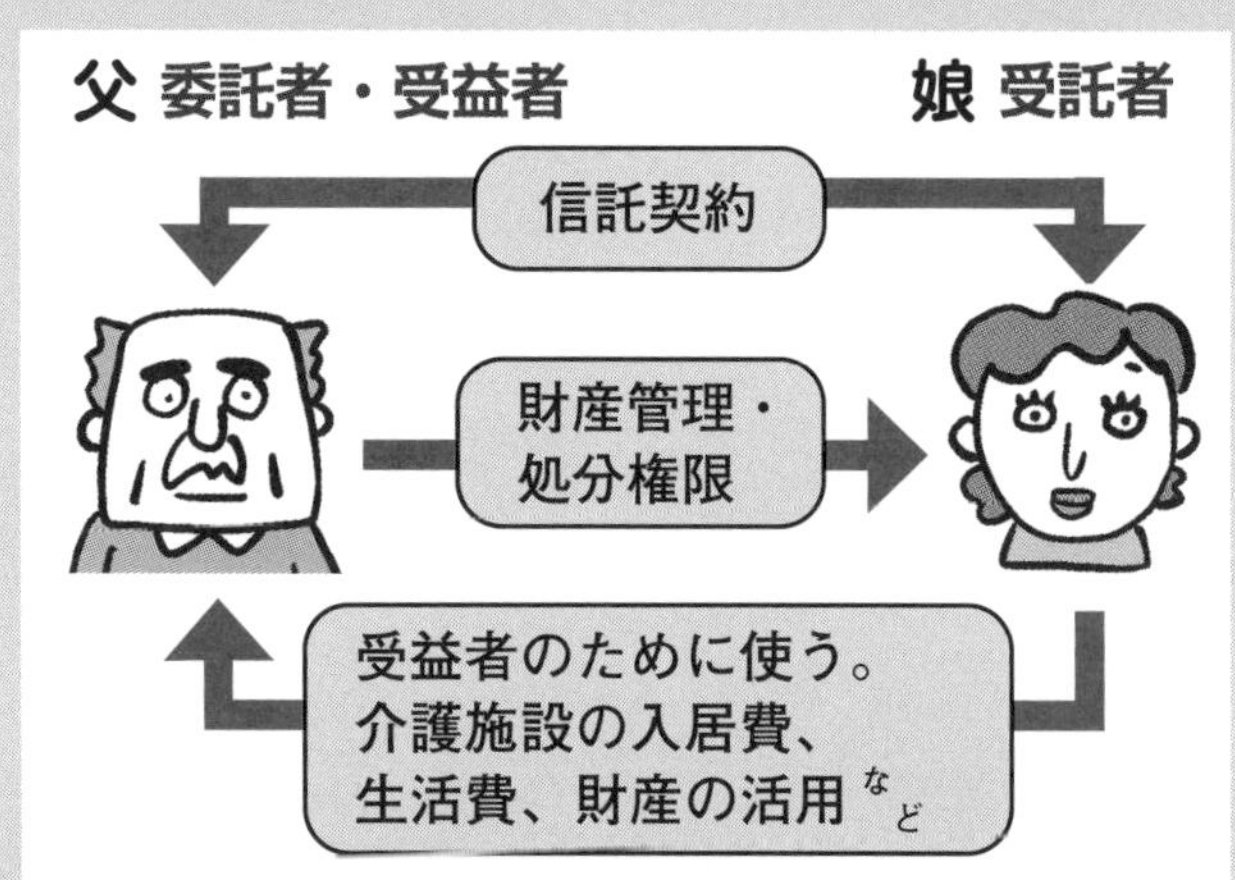

家族信託は、高齢者が信頼できる家族に財産管理を託す契約。自分が委託者または受益者となり、財産管理を託される家族は受託者となる。家族信託の契約は、公正証書で交わすのが一般的。

51 認知症になったら銀行から預金が引き出せなくなると聞きました。本当ですか？

A 本当だが、2020年以降は申請すると一部の引き出しが可能になった。

口座名義人が亡くなると、銀行口座が凍結されることはよく知られていますが、認知症を発症した場合も同じように凍結されてしまいます。これは、Q50でも述べたように預貯金が詐欺（さぎ）で引き出されたり、悪用されたりするのを防ぐためです。口座が凍結されると、同居している家族であっても預金を引き出せなくなり、介護費用に使えなくなるなどさまざまな不便が生じます。

口座が凍結されたら、多くの場合、銀行からは成年後見制度を結ぶことを求められます。しかし、司法書士や社会福祉士などが後見人になると、家族は預貯金を柔軟に使えなくなり不便なので、問題となっていました。

そこで、銀行協会も、2020年から、金融取引は本人の意思確認が前提で認知症を発症したら成年後見人や代理人が行うのを原則としつつも、家族と相談して柔軟な対応を求める方針を立てています。**介護施設や病院などの領収書があって、引き出す目的が明確で、明らかに口座名義人自身の利益になる場合にかぎり引き出すことができるようになっています。**

家族の認知症に備えるには、銀行で**代理人カード（家族カード）**を作ったり**代理人手続き**をしたりして、家族が預金を引き出せるようにしておくことが有効です。代理人カードを作れば、生計を同一にしている家族であれば口座名義人の口座から預貯金の出し入れができます。また、代理人手続きをしておけば定期預金の解約も可能です。代理人カードや代理人手続きは、銀行の窓口で申し込むことができます。とはいえ、口座名義人が認知症を発症したことが銀行側に伝わると、代理人による取引ができなくなることは留意してください。

認知症による口座の凍結に備えるために、最近は**家族信託**を利用する人が増えています。また、家族であっても財産管理を任せたくない人や、おひとりさまは、**日常生活自立支援事業**や**成年後見制度**を利用しましょう。

Q52 介護の分担については、やはり長男（長女）が介護の中心になるべきでしょうか？

A キーパーソンを1人決めることが大切だが、負担が集中しないように役割を分担する。

介護の準備をするにあたっては、家族間で介護の中心となる**「キーパーソン」**を決めることが大切です。**キーパーソンは、ケアマネジャーや病院、施設、訪問介護事業所などとの連絡窓口となり、意思決定能力がない本人に代わってさまざまな判断をすることが求められます。**

例えば、次のような重要な作業は、キーパーソンが行うことが求められます。

- **介護保険の認定申請や介護サービス事業所との契約**
- **緊急時の入院や医療処置などへの同意**
- **成年後見制度の利用の判断や決定**
- **料金の支払いといった介護にかんする判断・決定**
- **手術や検査についての同意**

日本では、長年「介護は長男の嫁の仕事」といわれていた時代があり、過去には介護の中心は長男（長女）夫婦が行うという考え方がありました。しかし、現代ではこうした考えにとらわれる必要はなく、キーパーソンが長男（長女）夫婦でなくてもかまいません。キーパーソンは、本人と住まいが近くて連絡がつきやすく、本人やほかの家族との関係が良好で、本人や家族の状況をよく把握している人が適しているといえます。

また、**介護は1人に負担が集中するのではなく、周囲の家族で役割分担をすることが大切です。**平日に介護をする人、週末に介護をする人、親族との連絡役といったように、家族で役割を決め、少しずつ負担を分担して行うようにするのが望ましいといえます。

家族の役割分担のイメージ

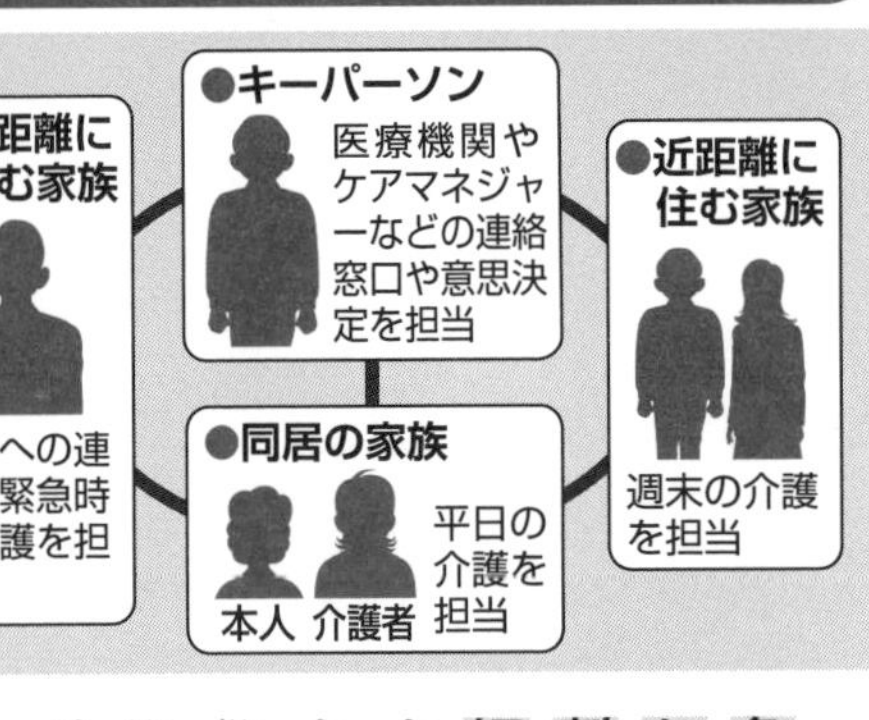

Q53 職を失い親の年金で生活しているので、親が認知症になったらどうすればいいか、今から不安です。

A 地域包括支援センターで相談し、親の年金や蓄えで介護ができるプランを考える。

2020年から始まった新型コロナウイルス感染症の影響で、さまざまな分野で営業自粛が起こり職を失った人がたくさんいます。

また、近年は80代の親が、職がなかったり、なんらかの理由でひきこもったりしている50代の子供の生活を支えている家庭がたくさんあることがわかり、「8050問題」と呼ばれ対策が求められています。こうした家庭では、親の年金で子供の生活を支えているケースが少なくありません。そのため、いざ介護の準備をしようとしても介護費用の見通しが立たず、準備できないこともあるでしょう。

難しいのは、こうした人たちは、家庭の状態を恥ずかしいと思い、第三者を家に入れたがらない傾向があることです。介護が始まっても、家庭内だけでなんとかしようとして孤立し、親子とも生活が困窮してなかなか支援につながらず、孤独死や介護放棄、虐待といった痛ましい事態が起こるリスクが高いのです。

支援を求めることを躊躇(ちゅうちょ)せず、まずは、**地域包括支援センターなどで相談してみてください。利用できる減免制度や融資制度を紹介してくれるなど、年金の支給額や現在の資産状況を踏まえ、介護計画を立てるのに協力してくれます。**

このほか、各地域のひきこもり地域支援センターや生活困窮者自立支援窓口、保健センターなどでも、ひきこもりの人や家族の相談・支援も行っているので、悩みや不安があれば積極的に活用してほしいと思います。

8050問題では、ひきこもりや親の介護、健康問題、就労、生活の困窮など困りごとが多岐にわたり、窓口もさまざまで必要な支援に結びつきにくく問題になっていました。そこで、最近は各関係団体と連携して窓口を一本化し、総合的に対応する方針が取られています。まずは地域の支援とつながることが重要です。

Q54 精一杯、親の介護をしたいのですが、他人に頼りたくありません。どうしたらいいですか？

A 完璧な介護よりも、介護保険サービスを頼り持続できる介護体制を作ることが大切。

「若いころにわがままをいって迷惑をかけたから」「最後の親孝行だから」と介護に意気込む人がいます。悪いことではありませんが、先々のことを考えると、慎重になってほしいと思います。

介護は、ときに年単位で長引きます。最初のうちは気力も体力もありますが、介護が長引くと、やがて徐々に疲弊していきます。また、認知症は一時的に状態がよくなることはあっても、根本的に改善することはありません。病状が進行して、以前の立派な親、優しい親のイメージが変化することに悲しみを覚えることもあります。

さらに、身近で介護をしている人ほど、物盗られ妄想の標的になって「財布を盗んだ」などと本人に悪者にされがちです。病状が進めば、「ありがとう」と感謝されることも少なくなっていきます。

介護ストレスが高じると、介護虐待につながったり、共倒れになったりすることもあります。あまりにつらい想いをして、親との関係がかえって悪くなってしまうよりは、子供が笑顔でいられたほうが、最終的には親御さんにとってもいい結果になるものです。

気負って理想的な介護をめざすより、介護サービスや周囲の家族、親戚（しんせき）に少しずつ頼りながら、無理なく続けられる介護をめざすことをおすすめします。

持続可能な介護のイメージ

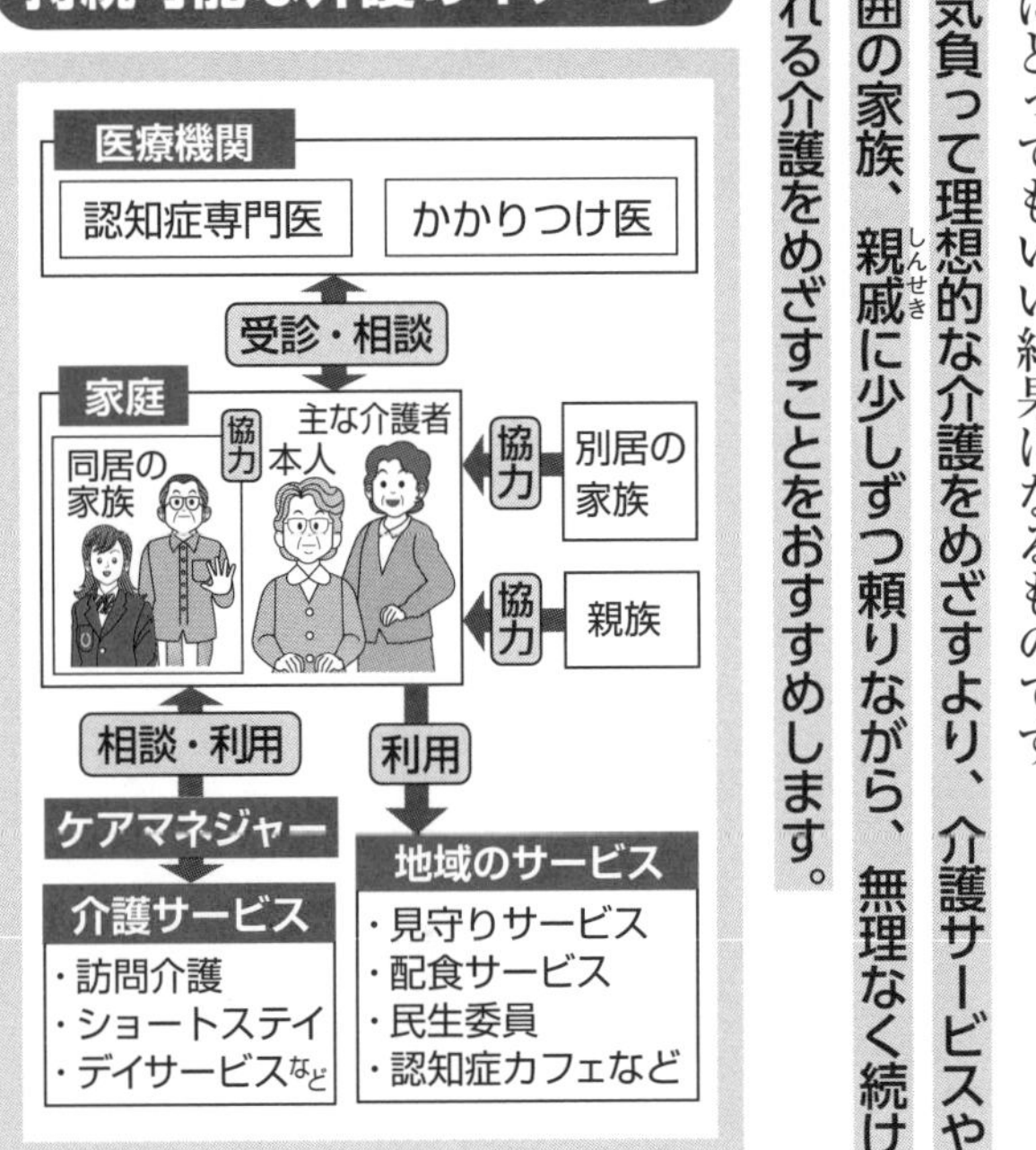

Q55 兄弟が海外に住んでおり、介護の協力が得られません。どこに相談したらいいですか？

A 地域包括支援センターや介護サービスの事業所などに相談する。

介護は、家族がチームとなって負担を分け合い、介護保険サービスを利用しながら行うのが賢明です。しかし、最近は核家族化が進み、兄弟が遠方に暮らしていて協力を求めづらいことがあります。また、親戚づきあいが乏しい人、1人っ子の人なども、周囲に頼れる人が少ないものです。

そうしたとき、親が認知症を発症する前から**地域包括支援センター**を頼り、介護をどうするかを考えておきましょう。利用できる制度やサービスを案内してもらえれば、介護負担を減らせます。

また、介護が始まったら、ストレスをためないよう、地域の**認知症カフェ**に足を運び、同じ悩みを持つ人と話をして情報交換することも大切です。

認知症介護の協力を求める場合、認知症に対して理解のある人が望ましいといえます。近年、認知症への理解を啓発するため、国が主導して認知症の理解を促す**「認知症サポーター」**養成講座が行われています。地域のボランティアや社会福祉協議会などで、認知症について一定の理解を得た認知症サポーターが活動をしていることがあるので、相談するのもいい方法です。

Q56 子供がおらず夫婦とも80歳に近づいており、認知症が心配です。どんな備えが必要ですか？

A 生活支援サービスを積極的に利用して生活を維持しよう。

近年、65歳以上の高齢者が同年代の配偶者を介護する**「老々介護」**が問題になっています。質問のように80歳を超えた夫婦のうち、どちらか1人が認知症になると、介護する側も健康に不安を覚えている年代なので、介護疲れを招いたり、共倒れになったりするリスクが高くなります。

夫が認知症になった場合、妻が介護を担うことになりますが、入浴や排せつ、移動介助など力仕事が多くなり、体の負担が大きくなります。妻が認知症になった場合、夫が介護を担うことになります。この年代の男性は、家事をあまりしてこなかった人も多く、生活が破綻(はたん)してしまう恐れがあります。

高齢の夫婦のどちらかが認知症になると、火の不始末や徘徊(はいかい)が心配で目が離せず、閉じこもりがちになる傾向があります。介護保険サービスや地域の取り組みを十分に活用せず、孤立してしまうことが少なくありません。

そのため、判断力がしっかりしているうちから、地域包括支援センターで相談して、生活を守る対策を講じてください。家事などを代行してもらえる生活支援サービスも上手に利用して、どちらかが認知症になっても、生活を維持できる環境を整えることが大切です。

Q57 親との折り合いが悪く、介護に前向きになれません。親不孝だとは思いますが……。

A 適度に距離を取り、介護はプロに任せたほうがうまくいくこともある。

認知症の親と接するときは、その人の性格・人生を尊重し、ご本人の目線に立って介護する姿勢が大切です（くわしくは6章を参照）。親子関係や嫁姑関係がよくなかったり、わだかまりがあったりすると、介護をきっかけにそれが介護への抵抗や妄想などの行動・心理症状（BPSD）に現れて、介護が難しくなることがあります。毎日イライラしながら介護をしていると、介護放棄や虐待にもつながりやすくなります。

親子関係に問題がある場合は、介護保険サービスを多く利用して、介護を専門職のプロに任せたほうがうまくいくこともあります。介護のためにさらに関係が悪化してしまうよりは、相手に優しくできる適度な距離感を保ったほうがいいのではないでしょうか。

まだ親が認知症を発症していない段階だったら、一度、話し合ってわだかまりを解消しておくのも一つの方法です。

第5章

介護負担がらくになる！

介護サービスの手続き・利用術がわかるQ&A

Q58～72

「介護は嫁の務め」はもう古い！介護サービスを使って無理のない介護をめざそう！

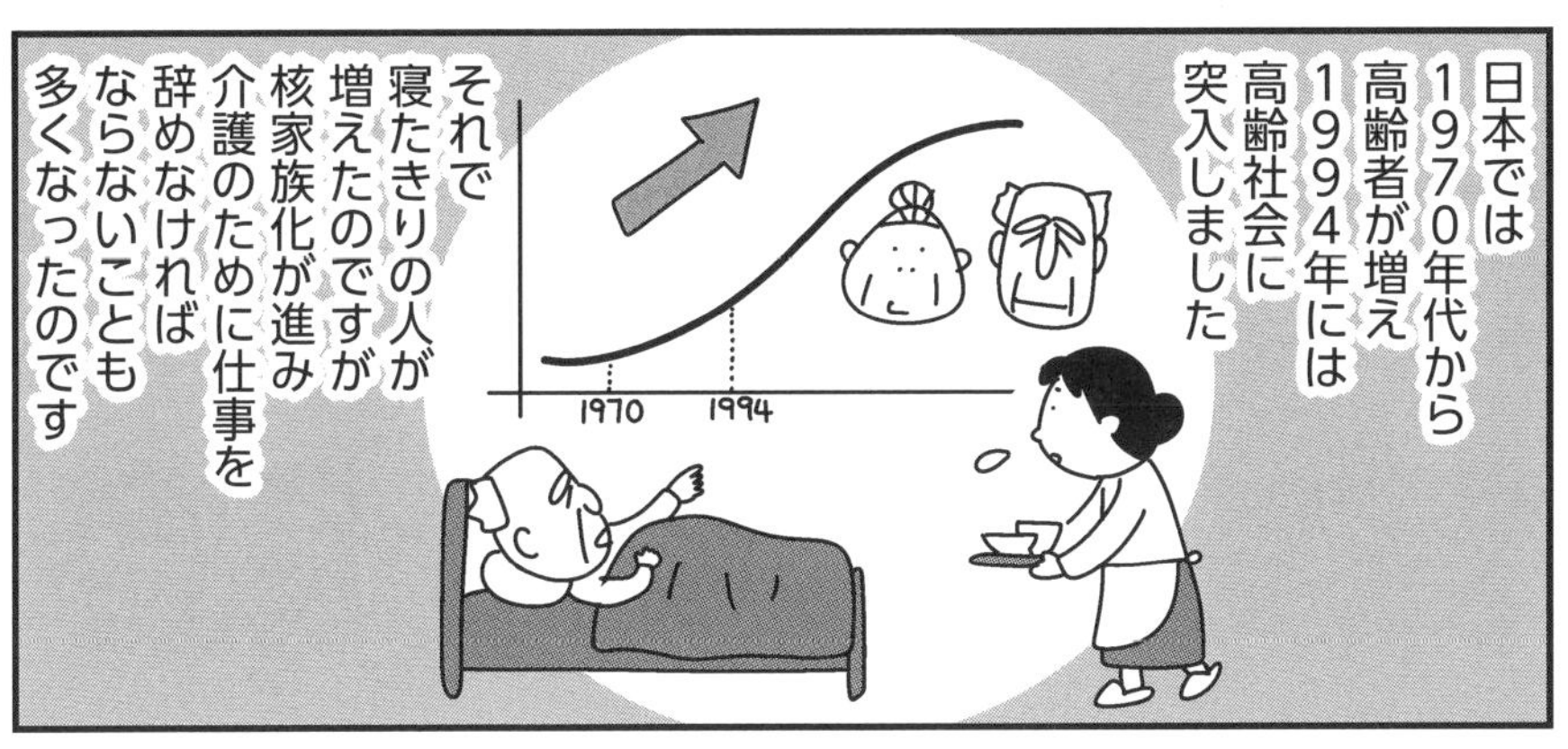
日本では
1970年代から
高齢者が増え
1994年には
高齢社会に
突入しました
1970
1994
それで
寝たきりの人が
増えたのですが
核家族化が進み
介護のために仕事を
辞めなければ
ならないことも
多くなったのです

社会に出て
働くようになった
女性が増えたのに
仕事を辞める
しかないか
という声も
深刻でした
そこで
2000年に
社会全体で
高齢者を支える
「介護保険制度」が
できたのです
40歳から
保険料を払って
介護が必要な人に
介護保険から
支払うしくみです

介護のために
あなたの人生を
犠牲にすることは
ないんですよ
介護保険サービスを
上手に使い
家族間でも
役割分担して
無理なく続けられる
介護をめざしましょう

なんだか
気持ちが
らくに
なりました
家族とも
相談します！

Q58 私たちが利用できる介護保険サービスは、具体的にはどのようなものがありますか？

A デイサービス、家事援助、福祉用具の貸し出しなど全26種54のサービスがある。

介護保険サービスには、介護保険法に基づく全26種54のサービスがあります。

自宅で利用できる主なサービスは、ヘルパーや看護師、理学療法士などが自宅を訪れ、食事や入浴・排せつ・更衣などの身体介護や炊事・掃除といった家事などを援助する日常生活上の支援、健康観察、リハビリなどを行う**「訪問サービス」**、送迎つきで施設に通い、食事や入浴の提供、リハビリ、レクリエーションなどを行う**「通所サービス」**、一時的に施設に宿泊し昼夜にわたって介護を受ける**「短期入所サービス」**の3種です。

このほか、車イスや介護用ベッドなどの**福祉用具を貸し出すサービス**、入浴や排せつに関連する**福祉用具の購入費（年間10万円まで）を支給するサービス**、手すりの取りつけや段差の解消など室内をバリアフリー化するための**住宅改修工事費（上限20万円）を支給するサービス**などもあります。

一方、介護老人福祉施設（特別養護老人ホーム）や老人保健施設などの介護施設に入居している人にも、**介護や生活援助**、**機能訓練**、**健康観察**など、それぞれの施設に対応したサービスがあります。

また、事業所や施設がある市区町村の住人を対象とした地域密着型のサービスには、一つの拠点で訪問・通所・短期入所のすべてのサービスを提供している**「小規模多機能型居宅介護」**や、1日数回の定期訪問と緊急時の随時訪問で介護や看護が受けられる**「定期巡回・随時対応型訪問介護看護」**、夜間の定期的な訪問や随時訪問で介護が受けられる**「夜間対応型訪問介護」**などがあります。

さらに、認知症の人を対象にした介護や生活支援、機能訓練を日帰りで行う**「認知症対応型通所介護（デイサービス）」**、認知症の人が共同生活をして介護や生活支援、機能訓練を行う**「認知症対応型共同生活介護（グループホーム）」**などのサービスも充実しています。

主な介護保険サービス

❶訪問型サービス

訪問介護員などが、利用者の自宅を訪問し、入浴・排せつ・食事などの介護、調理・洗濯・掃除といった家事などを行うサービス。

- 訪問介護（ホームヘルプサービス）
- 訪問入浴介護
- 訪問看護
- 訪問リハビリテーション
- 居宅療養管理指導

❷通所型サービス

利用者が施設に通って、入浴・排せつ・食事などの介護、生活にかんする相談、健康状態の確認など、日常生活上のケアや機能訓練を受けるサービス。

- 通所介護（デイサービス）
- 通所リハビリテーション（デイケア）

❸短期入所型サービス

利用者が老人短期入所施設や特別養護老人ホームなどに短期間入所し、入浴・排せつ・食事などの介護、日常生活上のケアや機能訓練を受けるサービス。

- 短期入所生活介護（ショートステイ）
- 短期入所療養介護

❹居住型サービス

特定施設（❶有料老人ホーム、❷軽費老人ホーム〈ケアハウス〉、❸養護老人ホーム）に入居している利用者が、日常生活上のケアや機能訓練を受けるサービス。

※「サービスつき高齢者向け住宅」（サ高住）については、「有料老人ホーム」に該当するものは特定施設となる。

- 特定施設入居者生活介護

❺福祉用具の貸与・販売や住宅改修

要介護者が必要とする福祉用具の貸与・販売や、自宅に手すりを取りつけるなどの住宅改修を行って利用者が生活しやすい住環境に整えるサービス。

- 福祉用具貸与
（車イス／特殊寝台／床ずれ防止用具・体位変換器／手すり／スロープ／歩行器／歩行補助杖／認知症老人徘徊感知機器／移動用リフト／自動排せつ処理装置など）
- 特定福祉用具販売
（腰掛便座／自動排せつ処理装置の交換可能部／入浴用イス／簡易浴槽／浴槽用手すりなど）
- 住宅改修費の支給
（手すりの取りつけ／段差の解消／滑り防止および移動の円滑化のための床または通路面の材料の変更／引き戸などへの扉の取り替え／洋式便器等への便器の取り替えなど）

❻地域密着型サービス

認知症高齢者や中重度の要介護高齢者などが、住み慣れた地域で生活できるように、市区町村指定の事業者が地域住民に提供するサービス。

- 定期巡回・随時対応型訪問介護看護
- 夜間対応型訪問介護
- 認知症対応型通所介護
- 小規模多機能型居宅介護
- 認知症対応型共同生活介護（グループホーム）
- 地域密着型特定施設入居者生活介護
- 地域密着型介護福祉施設入居者生活介護
- 地域密着通所介護
- 複合型サービス（看護小規模多機能型居宅介護）

Q59 要介護認定の申請の手順をおおまかに教えてください。

A 役所で要介護認定の申請を行い、訪問調査の結果をもとに要介護認定を受ける。

要介護認定は、本人が住んでいる市区町村の介護保険担当窓口で申し込みをします。申請は本人または家族が行いますが、家族が仕事で忙しい、遠方に住んでいて対応できないなどの事情で窓口に出向くのが難しい場合は、地域包括支援センターが無料で申請を代行してくれます。

申請には、**「介護保険要介護・要支援認定申請書」**が必要となるので、市区町村の窓口で入手するか、市区町村のウェブサイトからダウンロードしてください。

申請書には、住所や氏名、連絡先、主治医の氏名や連絡先などを正確に記入します。本人の最近の状況を記載する欄があれば、申請の理由や希望するサービスの内容などをくわしく書いておくといいでしょう。そして、申請のさいには、この申請書のほか、介護保険被保険者証（65歳以上の場合）、マイナンバー確認書類、本人確認書類を持参しましょう。

申請が受理されると、調査員による**「訪問調査」**が行われます。本人の自宅、または入院先の病院を訪れ、家族状況や住宅環境、傷病の既往歴のほか、本人の生活のようすについて細かく聞き取りをしていきます。

一方、申請を受けた市区町村は、申請書に書かれた主治医に対して、申請者の診察の状況や心身の状態、介護にかんする意見などを確認する**「主治医の意見書」**の提出を依頼します。もし主治医がいなければ、市区町村の指定医の診察を受けることになります（Q60を参照）。

調査書類がそろったら、審査は2段階で行います。まずは、訪問調査の結果をもとにコンピュータ診断による一次判定が行われ、続いて、訪問調査時の特記事項や主治医の意見書をもとに、介護認定審査会による二次判定が行われます。その結果は、**「非該当」「要支援1・2」「要介護1〜5」の8段階**で評価され、申請からおよそ30日以内に本人に郵送で通知されます。

要介護認定の手続の流れ

電話などで市区町村の介護保険担当窓口に相談

要介護認定の申請　本人または家族が市区町村に申請する

主治医の意見書
市区町村の依頼で主治医が意見書を作成する

訪問調査
市区町村の職員（調査員）が申請者の自宅を訪問して聞き取りなどの調査を行う

コンピュータ診断による一次判定
介護認定審査会による二次判定

要介護度の決定　「非該当」「要支援1・2」「要介護1～5」の8段階で評価される

認定結果の通知　原則として申請から30日以内に通知される

要支援・要介護と認定

非該当と認定

※認定結果に納得できない場合は3ヵ月以内なら不服申し立てをすることができる（Q65参照）。

要介護認定の申請をするに当たり、注意すべきことはありますか？

A 医師の意見書が必要になる。健康状態を相談できる、かかりつけ医がいるといい。

要介護認定の申請の第一歩は、必要書類を用意して、本人が住んでいる市区町村の窓口で申請をすることです。介護保険要介護・要支援認定申請書のほか、介護保険被保険者証やマイナンバーの情報（写しも可）などさまざまなものが必要になります（下の一覧を参照）。

注意したいのは、主治医の意見書です。Q59で解説したように、**要介護認定（要支援認定を含む）を行うさいには、市区町村から主治医のいる医療機関へ書類作成が依頼されます。つまり、主治医がいないと要介護認定が受けられません。**

主治医の意見書には、体の細かな状態まで記入してもらうため、本人の状況を理解している**かかりつけ医**が理想的です。かかりつけ医がいなければ、何度か受診した医療機関に依頼するか、病医院を受診して医師に相談するといいでしょう。なお、申請書に主治医名を記載しなかった場合、市区町村が指定する医師の診察を受けることになります。介護認定には定期的な更新があり、**更新ごとに主治医の意見書が必要になる**ので、早めにかかりつけ医を決めておきましょう。

要介護認定の申請に必要な書類

- □ **介護保険要介護・要支援認定申請書**
  役所・役場の窓口に置いてあるほか、ウェブサイトからダウンロードもできる
- □ **介護保険被保険者証**
  第1号被保険者（65歳以上）は必要
- □ **健康保険被保険者証**
  第2号被保険者（40～64歳）は必要
- □ **マイナンバーが確認できるもの**
  写しでも可
- □ **申請者の身元が確認できるもの**
  運転免許証、身体障害者手帳、介護支援専門員証など
- □ **主治医の情報が確認できるもの**
  診察券など

Q61 日によって症状に波があります。正しく要介護認定されるか心配です。

A ふだんから親のようすを観察し、訪問調査のさいに伝えられるようにする。

訪問調査では、ありのままの姿を伝えることが大切です。本人が認知症の場合、状況が正しく説明できない場合があるので、ふだんの状況をよくわかっている家族が調査に立ち会うようにしてください。

そして、**聞き取り調査の中で、本人の受け答えと家族の認識にズレがあったときには、その場で補足してください。**例えば、調査員の前で立ち上がりなどの動作機能の確認をするさい、いつもはできないことがたまたまできてしまったら、その旨をきちんと伝えましょう。

認知機能や精神障害については、いつ、どんな行動をしたかを細かく時系列に沿って記録しておくと、調査のさいに正確に答えることができます。また、そのようすをスマートフォンの写真や動画で残しておき、調査員に見てもらうのも一つの方法です。

なお、聞き取り調査は、全国共通の認定調査票をもとに行われます。身体機能・起居動作、生活機能、認知機能、精神・行動障害、社会生活への適応などを問う74の基本調査項目の詳細は、厚生労働省のウェブサイトに載っていますので、事前に確認しておくといいでしょう。

訪問時の聞き取り調査内容の主な項目

身体機能・起居動作	生活機能	認知機能	精神・行動障害	社会生活への適応
体にマヒや拘縮があるか	食事に介助が必要か	意思を伝えることができるか	物を盗られたなど被害的になるか	お金を管理できるか
寝返りが打てるか	介助なしにズボンをはけるか	生年月日や年齢を答えられるか	作り話をすることがあるか	介助なしに薬を飲めるか
片足で立てるか	1人でトイレに行けるか	自分の名前が答えられるか	大声を出すことが頻繁にあるか	介助なしに買い物ができるか
支えなしで立てるか	外出の頻度はどのくらいか	自分がいる場所を答えられるか	介護に抵抗することがあるか	簡単な料理ができるか

Q62 要支援と要介護はどう違うのですか？受けられる介護サービスが違うのですか？

A 「要介護」は介護を要し、「要支援」は要介護の恐れがあること。使えるサービスも違う。

要支援とは、日常生活の大半は自立しているものの、買い物や掃除など日常生活の一部に援助が必要で、将来、要介護になる恐れがある状態です。一方、**要介護は入浴、排せつ、食事等の日常生活動作について、常に介護を必要とする状態**です。

介護保険サービスは、自立の度合いに応じて要支援1～2、要介護1～5の7段階に分けられ、認定区分ごとに受けられるサービスの内容や回数、利用にかかる費用の支給限度額が異なります。

要支援1～2の認定を受けると、介護予防のためのサービスを受けることができます。これは、要介護状態になるのを予防し、状態が悪化しないように支援することを目的としたサービスです。要介護1～5になると、予防給付から介護給付に変更され、日常生活を送るために必要なサービスとなり、利用できるサービスが増えます。

支給限度基準額内であれば、所得に応じた1～3割の自己負担でサービス利用ができますが、支給限度基準額を超えてしまうと超過分を全額自己負担することになるので、しっかりとしたケアプランが必要です。

要支援・要介護の違い

要支援

日常生活上の基本的な動作は、ほぼ自分で行えるが、要介護になることを予防するためになんらかの支援を必要としている状態のこと。

（例）➡ 入浴は１人でできるが、浴槽の掃除には支援が必要

要介護

日常生活上の基本的動作を、すでに自分で行うことが困難であるため、なんらかの介護を必要としている状態のこと。

（例）➡ 入浴が１人でできない。介護者による介助が必要

要介護度別の身体状況の目安

区分			身体の状態（例）
要支援	1	要介護状態とは認められないが、社会的支援を必要とする状態	食事や排せつなどはほとんど1人でできるが、立ち上がりや片足での立位保持などの動作になんらかの支えを必要とすることがある。入浴や掃除など、日常生活の一部に見守りや手助けが必要な場合がある。
	2	生活の一部について部分的に介護を必要とする状態	食事や排せつなどはほとんど1人でできるが、ときどき介助が必要な場合がある。立ち上がりや歩行などに不安定さが見られることが多い。問題行動や理解の低下が見られることがある。この状態に該当する人のうち、適切な介護予防サービスの利用により、状態の維持や改善が見込まれる人については要支援 2 と認定される。
要介護	1		
	2	軽度の介護を必要とする状態	食事や排せつになんらかの介助を必要とすることがある。立ち上がりや片足での立位保持、歩行などになんらかの支えが必要。衣服の着脱はなんとかできる。もの忘れや直前の行動の理解の一部に低下が見られることがある。
	3	中等度の介護を必要とする状態	食事や排せつに一部介助が必要。立ち上がりや片足での立位保持などが1人でできない。入浴や衣服の着脱などに全面的な介助が必要。いくつかの問題行動や理解の低下が見られることがある。
	4	重度の介護を必要とする状態	食事にときどき介助が必要で、排せつ、入浴、衣服の着脱には全面的な介助が必要。立ち上がりや両足での立位保持が1人ではほとんどできない。多くの問題行動や全般的な理解の低下が見られることがある。
	5	最重度の介護を必要とする状態	食事や排せつが1人でできないなど、日常生活を遂行する能力は著しく低下している。歩行や両足での立位保持はほとんどできない。意思の伝達がほとんどできない場合が多い。

1ヵ月当たりの区分支給限度額

区分	支給限度額	自己負担額		
		1割負担	2割負担	3割負担
要支援1	5万320円	5032円	1万64円	1万5096円
要支援2	10万5,310円	1万531円	2万1062円	3万1593円
要介護1	16万7,650円	1万6765円	3万3530円	5万295円
要介護2	19万7,050円	1万9705円	3万9410円	5万9115円
要介護3	27万480円	2万7048円	5万4096円	8万1144円
要介護4	30万9,380円	3万938円	6万1876円	9万2814円
要介護5	36万2,170円	3万6217円	7万2434円	10万8651円

63 要介護認定が「非該当」だった場合、介護サービスは使えないのですか？

A 要介護になるのを防いだり、日常生活を支援したりするサービスを利用できる。

要介護認定で「非該当」と判定された場合、介護保険サービスを利用することはできません。その代わりとして、**各市区町村が主体となって行われている「介護予防・日常生活支援総合事業」というサービス**があります。これは、65歳以上のすべての高齢者が、住み慣れた地域で自立した生活を続けていけるよう支援するサービスです。介護サービス事業者のほか、ＮＰＯ法人や民間企業、ボランティアなどがサービスを提供しています。

介護予防・日常生活支援総合事業には、大きく分けて二つのサービスがあります。

一つは、基本チェックリスト（日常生活や身体機能などを確認する25項目の質問。１４２ジペー参照）によって要支援状態になる恐れがあると判断された特定高齢者と、要支援と認定された高齢者が利用できる**「介護予防・生活支援サービス事業」**です。この事業は、地域包括支援センターが介護予防ケアプランを作成してマネジメントするもので、生活援助や運動機能トレーニングを行う訪問型サービスや通所型サービス、栄養改善を目的とした配食や見守りを行う生活支援サービスがあります。

もう一つは、地域に住む65歳以上の高齢者が利用できる**「一般介護予防事業」**です。例えば、健康体操教室や介護予防についての知識を学ぶ講演会、サークル活動など、高齢者が生きがいを持って元気に生活できるようにするためのさまざまなサービスが提供されています。

介護予防・日常生活支援総合事業の具体的な内容は地域によって異なります。お住まいの市区町村の窓口で、どのようなサービスが受けられるか相談してみましょう。

なお、介護保険外のサービスとして、民間企業が行っている家事代行サービスや訪問理美容サービス、配食サービス、送迎サービスなどは、要介護状態でなくても利用できます。費用は全額自己負担となりますが、上手に活用すれば生活の助けになるでしょう。

Q64 要介護認定には時間がかかると聞きました。すぐに介護保険サービスを使いたいのですが、無理ですか？

A 緊急時には暫定的に要介護度を決め、介護保険サービスを利用できる。

要介護認定の申請を受けつけた市区町村は、30日以内に判定を行わなければならないことになっていますが、認定調査に手間取ったり、主治医の意見書の到着に時間がかかったり、認定申請が一時的に集中したりすると、30日以内に認定結果が通知されないことがあります。そのような場合は、遅れている理由や認定に要する期間などを記した延期通知書が届きます。

さらに、認定結果が出た後にも、ケアマネジャーとケアプラン（Q69を参照）を作成する必要があり、各事業所と契約することで初めて介護保険サービスを利用できるようになります。しかし、そうしている間も介護が必要で、家族に大きな負担がかかっている場合もあるかと思います。申請後、すぐに訪問看護を受けたい、デイサービスを利用したい、自宅のリフォームに取りかかりたいという人も多いでしょう。

そのような場合には、認定結果を待たずに介護保険サービスを利用することもできます。というのも、**要介護認定されれば、その効力は申請日にさかのぼって適用される**からです。つまり、**要介護認定を申請したときから、介護保険サービスを開始することができる**のです。

急な事情で1日でも早く介護保険サービスを受けたいという人は、介護認定の申請時に、地域包括支援センターや市区町村の高齢福祉担当の窓口に相談してみるといいでしょう。地域包括支援センターやケアマネジャーが、利用者の状況を考慮して、要介護度や要支援度がどのくらいであるかを予想して**暫定のケアプランを作成し、必要なサービスを立案**してくれます。

ただし、介護保険サービスは要介護度に応じて利用可能な支給限度額が異なります。想定よりも介護度が低く判定された場合、限度額オーバーとなって自己負担が発生する可能性があるので、正確な認定が下りるまでは必要最小限の利用にとどめておくことをおすすめします。

Q65 要介護認定の結果に納得がいきません。もう一度、審査してもらうことはできますか？

A 各都道府県に設置された介護保険審査会に、不服申し立てをすることができる。

認定された要介護度が想定と違う場合、申請者の現状や家族の要望が正しく伝えられていなかった可能性があります。まずは、市区町村の介護保険課に行き、その認定結果にいたった経緯をくわしく聞いてみましょう。情報開示請求をすれば、聞き取り調査のデータや一次判定の結果、医師の意見書など、審査に用いられた資料をすべて見ることができます。

それでも**結果に納得できない場合には、各都道府県に設置された介護保険審査会に対して「不服申し立て（審査請求）」を行うことができます。**介護保険審査会とは、大学教授や弁護士など介護保険にくわしい専門家で構成された第三者機関で、介護保険法に基づく処分にかんする不服申し立てがあった場合に、その審査を行います。

不服申し立ては書面または口頭で行います。ただし、**認定結果を受け取った（処分があったことを知った）翌日から3ヵ月以内に行わなくてはなりません。**期限を過ぎてしまうと不服申し立てを受けつけてもらえないので注意してください。

不服申し立てを行うと、要介護認定の結果が妥当であったかどうかの審査が行われます。そして、申し立てた側の主張が認められれば、要介護認定を取り消すという認容裁決が下され、介護認定の審査を一からやり直すことになります。一方、不服申し立てが認められなければ、棄却裁決が出されます。もし棄却裁決に納得がいかなければ、裁判所に対して行政処分の取消訴訟を起こすことができます。

審査のやり直しには、かなりの時間と労力を要します。しかも、再調査で結果が変わる保証はありません。納得のいく認定結果を得るには、前回の調査以上に正確に現状を伝えるよう工夫してください。主治医の意見書も再度必要になるので、再調査することを事前に主治医にも伝えておくといいでしょう。

Q66 一度、要介護認定を受けたあとに、要介護度を変えることはできますか？

A ケガや病状が進行すれば、「区分変更申請」という申し込みをすると再申請できる。

介護保険は、要介護度に応じて受けられるサービスや支給限度額が異なります。したがって、**要介護認定を受けたあとにケガや病気の進行などの理由で認定区分と利用者の現状にズレが生じてくる**と、介護サービスによる十分なサポートが受けられずに、家族の負担が増してしまいます。そうした場合には、次の更新を待たずに**「区分変更申請」**を行いましょう。

実は、要介護認定の結果に納得がいかなかった場合も、Q65で述べた不服申し立てではなく、区分変更申請で再認定を受けることができます。**区分変更申請は1ヵ月程度で結果が出る**ので、問題解決がスムーズに進みます。

ただし、区分変更申請をしたからといって、必ずしも希望の要介護度に変更できるとはかぎりません。申請が却下されるケースもあれば、逆に区分が下がってしまうケースもあります。一方、希望どおり区分が上がった場合には、そのぶんサービスの費用が上がって自己負担額も増える可能性があることも覚えておいてください。

なお、区分変更申請で得られた結果の有効期間は原則6ヵ月と決められているため、場合によっては、次回の更新が早まってしまうことがあります。これらの点を踏まえて、区分変更申請を行うべきか否か、ケアマネジャーとよく相談してください。

区分変更に必要な書類など

- □ **要介護認定・要支援認定等申請書**（区分変更）
- □ **介護保険被保険者証**（介護保険証）
- □ **医療保険被保険者証のコピー**（第２号被保険者のみ）
- □ **個人番号のわかるもの**（マイナンバーカードやマイナンバーがわかる通知カードなど）
- □ **身分証明書**（マイナンバーカード、運転免許証など）
- □ **委任状**（代理人が審査請求を行う場合）
- □ **代理人の身分証明書**（代理人が審査請求を行う場合）
- □ **印鑑**

Q67 ケアマネジャーを選ぶときの注意点やつきあい方を教えてください。

A 相談しやすい人を選び、利用者本人の生活歴をよく伝えよう。

ケアマネジャー（介護支援専門員）は、介護サービスの相談窓口として、利用者とサービス事業者の仲介役を果たします。要介護認定が下りると、必ず1名のケアマネジャーが割り当てられ、介護生活をサポートしてくれるのです。その費用は介護保険でまかなわれています。

要支援者の場合は地域包括支援センター所属のケアマネジャーが、施設入居の要介護者の場合はその施設に勤務するケアマネジャーが担当することになっていますが、要介護者を在宅で介護する場合には、「居宅介護支援事業所」に所属しているケアマネジャーを自分で探さなくてはなりません。地域包括支援センターで居宅介護支援事業所のリストを配布しているので、それを見て利用したい事業所に問い合わせましょう。

なお、ケアマネジャーを選ぶさいは**直接会って面談**をしてもらいましょう。その中で、**経験が豊富か、信頼できる人物か、対応が素早いか、自宅の近くに住んでいるか**など、自分なりに必要だと考える条件をクリアしているかチェックしてください。**相性も踏まえて、悩みや不安を相談しやすい人を選ぶ**といいでしょう。

ケアマネジャーとうまくつきあうには、まず、**不明点や要望があれば、遠慮なく伝えることが大切です。**ケアマネジャーには、利用者と家族の生活について相談に乗る役割があります。要望は、できるだけ具体的に伝えたほうがケアマネジャーも対応しやすくなります。もし、なんらかの理由で話しづらいときは、利用している事業所に「ケアマネジャーとゆっくり話がしたい」と伝えて話し合う場を設けるといいでしょう。

また、**利用者の生い立ちや好きな物、趣味や特技などの情報を伝え、ご本人についてよく知ってもらうことも重要です。**こうした生活歴の情報が、良質なケアのヒントになります。ケアマネジャーには守秘義務があるので、話しづらいことでも伝えるようにしてください。

Q68 ケアマネジャーを途中で変更することができますか？

A 相性が合わないなどの事情があれば、事業所に相談して変更することができる。

ケアマネジャーは、どんなに慎重に選んでも、相談をしていくうちに相性がよくないと感じたり、実務に不満が生じたりすることがあります。

そうした人間関係のストレスは介護生活に悪影響を及ぼします。もし、ケアマネジャーとの関係性に違和感を覚えたときは、**まずは自分の思いを正直に伝え、お互いに誤解していることがないか確認**しましょう。

それでも合わないと感じたら、我慢せずにケアマネジャーを変更してください。変更の方法は二つあります。一つは、**ケアマネジャー本人が所属する事業所内で別のケアマネジャーを紹介してもらう**方法です。事業所の管理者に連絡し、変更理由やケアマネジャーに求めるサービスなどを伝えれば、それに合った人材を選び直してくれます。もう一つは、**事業所そのものを変更する**方法です。不明な点は、地域包括支援センターや市区町村の窓口に相談してください。

なお、事業所やケアマネジャーを変更した場合、ケアプランの内容を引き継いでもらえば、受けている介護サービスはそのまま利用することができます。

ケアマネジャーの変更方法

● **事業所に変更の相談をする**

介護サービス事業者は、利用者からの苦情対応を行うことが介護保険法で義務づけられている。また、事業所を変えると新しく契約し直すなど手間と時間がかかるので、まずは利用している事業所にケアマネジャーの変更を打診するといい。

● **別の事業所を利用する**

事業所に相談しても解決しない場合は、地域包括支援センターや市区町村の介護保険担当窓口に相談。事業所のリストから別の事業所を選び、新たなケアマネジャーを探す。

● **かかりつけ医などに相談**

かかりつけ医（主治医）に紹介してもらったり、口コミや介護にくわしい知人の情報を活用したりする。

Q69 ケアプランとはなんですか？

A 介護の計画を立てる計画書。要介護度に応じた支給限度額内に収めるのが一般的。

ケアプランとは、要介護・要支援認定を受けた人が介護保険サービスを利用するための計画書のことで、**なんのために（目的）、どんなことをして（内容）、どんな状態になりたいのか（目標）**を書面にまとめていきます。

ケアプランを作るのは、担当のケアマネジャーの仕事です。まず、ケアマネジャーが利用者や家族と面談をして（インテーク）、身体状況や生活環境を把握し（アセスメント）、その情報をもとに解決すべき課題や目標を設定してケアプランの原案を作成します。

次に、その内容を利用者や家族に確認してもらったうえで、ケアマネジャーと介護サービスの提供事業者、主治医、看護師などの関係者で「サービス担当者会議」を開き、ケアプランを修正します。そして、利用者と家族に説明して同意を得られたらケアプランの完成です。ケアプランが決まったら、利用する各事業者と契約を交わして、サービスの開始となります。

サービス開始後も、ケアマネジャーは定期的に利用者の状況を確認（モニタリング）し、必要があればサービスの見直しなどを行ってケアプランの向上を図ります。

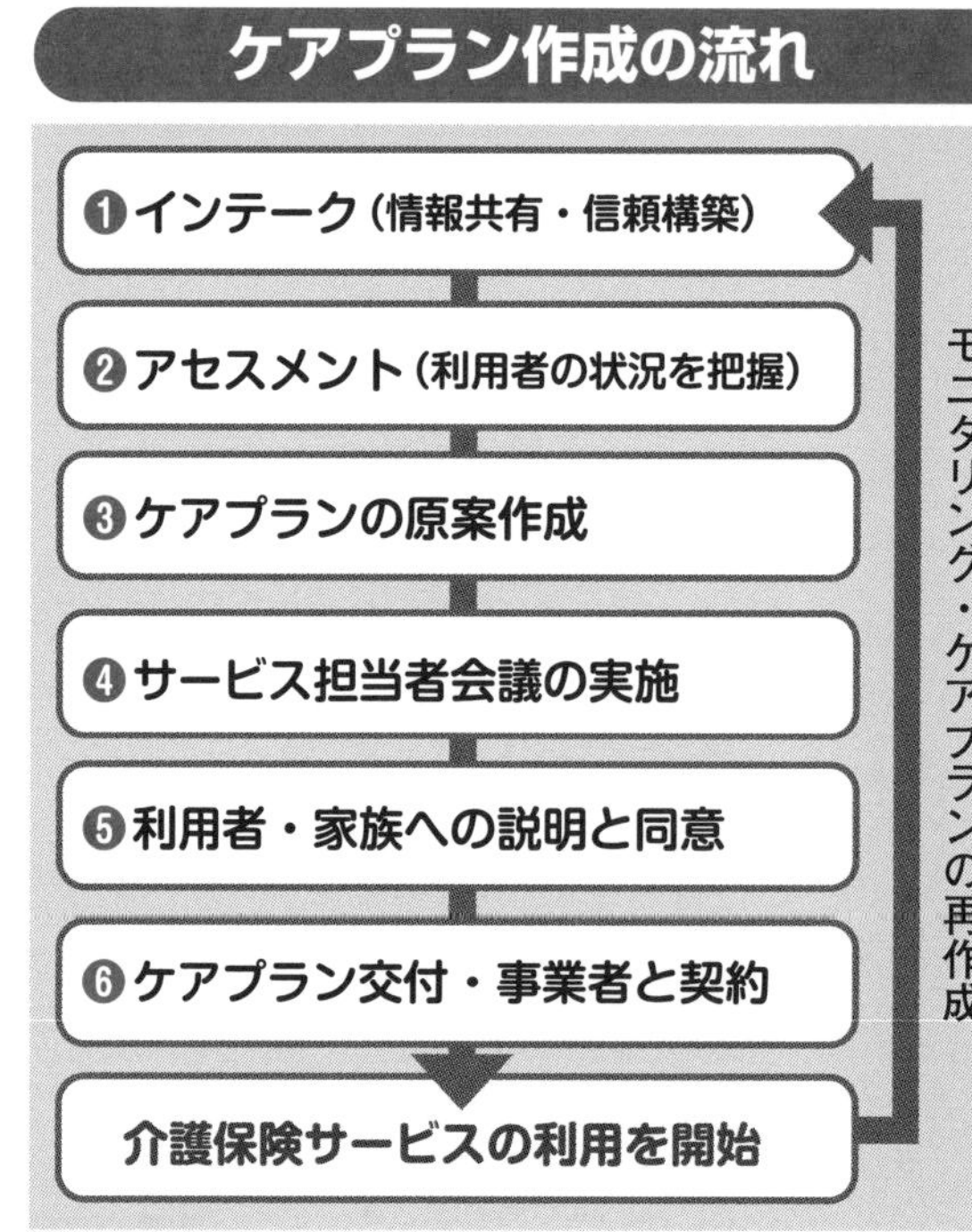

Q70 ケアプランを作成するときの注意点を教えてください。

A ケアマネジャーに相談しながら、本人の意思表示があれば反映することが望ましい。

ケアプランには、どんな介護サービスを利用するかが書かれています。ケアプランに記載がないサービスは、あとで本人や家族が希望しても受けることはできません。したがって、**ケアプランはケアマネジャー任せにするのではなく、利用者も家族も参加していっしょに作り上げていくことが大切です。**

ケアマネジャーには厳格な守秘義務があるので、経済的な事情や家族の実情など、気になることや悩んでいることをためらわず伝えてください。そのうえで課題となるものを洗い出し、解決策をプランに組み込んでいくことで、利用者や家族にとってのよりよい介護生活が実現します。

また、利用者本人を蚊帳の外に置いて、すべてをケアマネジャー任せにしないように気をつけましょう。もし、本人の意思表示があれば、それをしっかりとケアマネジャーに伝えてケアプランに反映させることが大切です。なお、介護サービスは認定区分ごとに**支給限度額**が決まっています。サービスはその範囲内に収まるようプランニングしましょう。

ケアプランを作成するうえでの注意点

- □ どんな生活を送りたいか**具体的なイメージ**を持つ。
- □ ケアマネジャーに**任せきり**にしない。
- □ ケアマネジャーがイメージしやすいよう**具体的に要望**を伝える。
- □ 利用者本人の**意思・希望を尊重**する。
- □ かかりつけ医からの**指示やアドバイス・要望**があれば説明する。
- □ 日常生活で**不安・不便**に思っていることを明確に伝える。
- □ 自己負担額は**家計の負担**にならないかよく検討する。
- □ **サービスの内容や回数**が間違っていないかよくチェックする。
- □ ケアプラン（原案）で現在の問題点が解決し**生活が改善するのか**を確認する。

居宅サービス計画書1

作成年月日　令和０４年０５月３０日（月）

初回・紹介・(継続)　　(認定済)・申請中

住所　東京都港区虎ノ門○—○—○

港区虎ノ門○○—○—○

初回居宅サービス計画作成日　　平成２９年１２月１７日

認定の期間　令和０４年０６月０１日〜令和０６年０５月３１日

要介護4　要介護5

家族…これまでできていたことができなくなり、本人もつらいと思う。本人ができることはいっしょに行いながら、少しでもやりたいことができるように支援してほしい。
緊急連絡先：聡子（長女）TEL 090—○○○○—○○○

利用者の被保険証の「認定審査会の意見及びサービスの種類の指定欄」に記載がある場合は、内容を転記する。ない場合は「なし」と記載。

どのように家族、ケアマネジャー、サービス事業者が援助するか、ケアの全体の方針を記入する。

3. その他

署名　若鷺千絵

■利用者の基本情報や、支援計画の全体的な方針

利用者（本人）と家族の意向を分けて記入する。

第1表　　居宅サービス計画書（1）

利用者名　若鷺千絵　様　　生年月日　昭和16年12月21日

居宅サービス計画作成者氏名　山岡加奈子

居宅介護支援事業者・事業所名及び所在地　港区　指定居宅介護支援事業所

居宅サービス計画作成（変更）日　令和04年05月30日

認 定 日　令和04年05月11日

要介護状態区分	要支援　要支援2　（要介護1）　要介護2　要介護3

利用者及び家族の生活に対する意向を踏まえた課題分析の結果	利用者…認知機能や筋力の低下があり、生活に不自由が生じている。歩行もふらつきバランスをくずしているので転倒が心配。自宅で生活したいので、サービスを利用したい。

介護認定審査会の意見及びサービスの種類の指定	なし

総合的な援助の方針	サービスを利用しながら自宅での生活を続けられるように支援する。

生活援助中心型の算定理由	（1.）1人暮らし　2. 家族等が障害、疾病等

居宅サービス計画について説明を受け、内容に同意しましたので受領します。
説明・同意した日　令和04年05月30日

居宅サービス計画書❷

短期目標の達成のために必要なサービスの内容。

サービスの名称や、家族が担当する場合は誰が中心となるかなど。

短期目標を達成するためのサービスごとの頻度。

援助内容					
サービス内容	※1	サービス種別	※2	頻度	期間
室内用歩行器をレンタルし、体力を保持する	○	福祉用具貸与	介護用品ショップミナトヤ	利用1回	R04.06.01 ~ R04.11.30
足首のサポーターをして姿勢を保持		本人	本人	毎日	
機能訓練を通して体幹のバランスを保つ	○	通所介護	機能訓練型デイサービスすみれ	週1回	R04.06.01 ~ R04.11.30
掃除、調理、買い物援助など	○	訪問介護	B指定訪問介護事業所 Cヘルパーステーション	週4回 週1回	R04.06.01 ~ R04.11.30
玄関前にごみを出す		市の制度	ふれあい収集	週2回	R04.06.01 ~ R04.11.30
入浴介助、洗身介助、洗髪介助、浴槽への出入り、更衣介助	○	訪問介護	A指定訪問介護事業所	週4回	R04.06.01 ~ R04.11.30

■利用者のニーズや目標、具体的な援助内容の計画

本人が望む生活を実現するために取り組むべき課題など。

最終的にめざす長期的な目標。

長期目標を達成するために段階的に達成する短期的な活動目標。

第２表　　居宅サービス計画書（2）

利用者名　　若鷺千絵

生活全般の解決すべき課題（ニーズ）	目標			
	長期目標	期間	短期目標	期間
転ばないようにしたい	外出ができる	R04.06.01 ～R04.11.30	転ばないようにする	R04.06.01 ～R04.11.30
掃除や調理を手伝ってほしい	1人暮らしを続ける	R04.06.01 ～R04.11.30	立ったりかがんだりの動作の援助を受ける	R04.06.01 ～R04.11.30
			ごみの仕分けができる	
入浴したい	自宅で入浴できる	R04.06.01 ～R04.11.30	温まり血行をよくする	R04.06.01 ～R04.11.30

※1「保険給付対象かどうかの区分」について、保険給付対象内サービスについては○印を付す。
※2「当該サービス提供を行う事業所」について記入する。

Q71 一度作成したケアプランを変更することはできますか？

A 病気やケガで、病状が進むことがある。その都度、ケアプランを見直すことが大切。

ケアプランは、利用者や家族の要望を反映しつつ、課題解決に向けて最適なサービスを提供できるよう設計し作成されます。とはいえ、実際にサービスを始めてみたら利用者の意に沿わなかったり、突然のケガや病気の進行で日常生活での困りごとが変化したりすることがあるでしょう。そうした場合は、ケアプランを変更することができます。**ケアマネジャーは、月1回の定期訪問が義務づけられているので、訪問日に事情を話してケアプランの変更を相談してみるといいでしょう。**

また、ケアマネジャー自身も自分が作成したケアプランに問題がないか継続的に検証しています。例えば、サービスの効果が十分に発揮されていないときには、ケアマネジャーのほうから内容の変更を提案することもあります。

なお、下の表にある9項目の修正にかんしては「軽微な変更」に該当し、サービス担当者会議を開催することなく変更でき、ケアプランは「見え消し」（元の文字を消さないで取り消し線などを引いて訂正・削除すること）での修正で対応できます。

「軽微な変更」が認められる項目

- ❶ **サービス提供の曜日変更**（利用者の体調不良や家族の都合などの一時的なもの）
- ❷ **サービス提供の回数変更**（同一事業所における週１回程度の利用回数の増減）
- ❸ **利用者の住所変更**
- ❹ **事業所の名称変更**
- ❺ **目標期間の延長**（課題や目標を変更する必要がない場合）
- ❻ **福祉用具を同等の用具に変更するのにさいして単位数のみが異なる場合**
- ❼ **目標・サービスの変更を伴わない事業所の変更**（利用者の状況以外の原因による）
- ❽ **目標を達成するためのサービス内容が変わるだけの変更**
- ❾ **担当ケアマネジャーの変更**（新しい担当者が利用者や各サービス担当者との面識を有する必要がある）

Q72 65歳未満の認知症の人は介護保険サービスを受けることはできないのですか？

A 若年性でも条件を満たせば、介護保険サービスを受けられる。

介護保険制度は、65歳以上の高齢者（第1号被保険者）を対象としていますが、**介護保険を支払っている40歳以上65歳未満の人**（第2号被保険者）は、**介護保険法で定められた「16の特定疾病」で介護や支援が必要になった場合にのみ、サービスを利用することができます。**

特定疾病とは老化が原因とされる病気のこと。末期がんや関節リウマチ、パーキンソン病、脳血管疾患（しっかん）、糖尿病性神経障害などがあり、アルツハイマー型認知症や前頭側頭型認知症、脳血管性認知症、レビー小体型認知症による**「初老期における認知症」**（40〜64歳に発症した認知症）もサービスの対象となります。ただし、アルコールの多量摂取で起こるアルコール性認知症は、介護保険制度の特定疾病には認められていません。

サービスを利用するには、65歳以上の人と同様に要介護認定を受ける必要があるので、まずはお住まいの市区町村の介護保険担当窓口や地域包括支援センターに問い合わせてみてください。

16の特定疾病とは

特定疾病の選定基準

- 65歳以上の高齢者に多く発生しているが、40歳以上65歳未満でも発生が認められるなど加齢との関係があり、その医学的概念を明確に定義できるもの。
- 3〜6ヵ月以上継続して要介護状態または要支援状態となる割合が高いと考えられる疾病。

❶がん（末期）、❷関節リウマチ、❸筋萎縮性側索硬化症、
❹後縦靭帯骨化症、❺骨折を伴う骨粗鬆症、
❻初老期における認知症、
❼進行性核上性麻痺、大脳皮質基底核変性症及びパーキンソン病、
❽脊髄小脳変性症、❾脊柱管狭窄症、❿早老症、
⓫多系統萎縮症、
⓬糖尿病性神経障害、糖尿病性腎症及び糖尿病性網膜症、
⓭脳血管疾患、⓮閉塞性動脈硬化症、⓯慢性閉塞性肺疾患、
⓰両側の膝関節または股関節に著しい変形を伴う変形性関節症

出典：「厚生労働省　特定疾病の選定基準の考え方」

受け方・進め方 フローチャート

❶ 要介護の申請から認定までの流れ

相 談

介護保険担当窓口や地域包括支援センター、居宅介護支援事業所で、現在困っていることや希望するサービスなどを相談

40歳以上65歳未満で特定疾病により介護・支援が必要な人

※139㌻を参照

65 歳以上の被保険者

要介護認定の申請

- 介護保険要介護・要支援認定申請書を役所・役場の窓口で入手するか、ウェブサイトからダウンロードして記入
- 介護保険被保険者証やマイナンバーが確認できるものなど必要書類を提出（122㌻を参照）

訪問調査

市区町村の職員（調査員）が申請者の自宅を訪問して聞き取り調査などを行う

主治医の意見書の作成

かかりつけ医が作成するのが理想的。かかりつけ医がいない場合は市区町村が指定する医師の診察を受けて作成する

1次判定

コンピューターによる判定

2次判定

介護認定審査会による判定

申請から30日以内

認定通知結果を受け取る

要介護1～5

左㌻のⒶへ

要支援1・2

左㌻のⒷへ

非該当

142㌻の基本チェックリストの結果に応じて介護保険外のサービスを利用できる。

介護保険サービスの

❷ 認定後、サービスを受けるまでの流れ

Ⓐ 要介護1～5

介護給付で受けられるサービスを利用

施設介護を希望

必要な介護や看護の状況に応じて施設を選び、利用者が直接申し込み、施設のケアマネジャーがケアプランを作成

在宅介護を希望

居宅介護支援事業所でケアマネジャーを決定し、ケアプランを作成

Ⓑ 要支援1・2

予防給付で受けられるサービスを利用

地域包括支援センターに申し込み、担当者が介護予防ケアプランを作成

ケアプランの決定・同意

お金のポイント①　介護を始めるときの一時的な費用の支出を抑える

- 手すりの取り付けなど住宅改修工事費や生活に必要な福祉用具の購入費、福祉用具のレンタルなどの負担が介護保険で軽減できる

契約

施設サービスを利用

- 特別養護老人ホーム
- 有料老人ホームなど

契約

介護予防サービスを利用

- 介護予防訪問介護
- 介護予防通所リハビリなど

契約

居宅サービスを利用

- 訪問介護
- 訪問看護
- 通所介護 など

地域密着型サービスを利用

- 定期巡回・随時対応型訪問介護看護
- 夜間対応型訪問介護
- 認知症対応型通所介護など

お金のポイント②　介護保険の自己負担額が高額だったとき

- 介護保険の自己負担額が一定の基準額を超えた場合、超過分が払い戻される
  高額介護サービス費や**高額医療・高額介護合算療養費制度**を利用する

基本チェックリスト

次の各項目を読んで当てはまる□にチェックを入れる。
■(赤色)の枠にチェックが多い人は、心身の機能が衰えている可能性がある。

1	バスや電車で1人で外出していますか	□はい	□いいえ
2	日用品の買い物をしていますか	□はい	□いいえ
3	預貯金の出し入れをしていますか	□はい	□いいえ
4	友人の家を訪ねていますか	□はい	□いいえ
5	家族や友人の相談にのっていますか	□はい	□いいえ
6	階段を手すりや壁をつたわらずに上っていますか	□はい	□いいえ
7	イスに座った状態から何もつかまらずに立ち上がっていますか	□はい	□いいえ
8	15分くらい続けて歩いていますか	□はい	□いいえ
9	この1年間に転んだことがありますか	□はい	□いいえ
10	転倒に対する不安は大きいですか	□はい	□いいえ
11	6ヵ月で2～3キログラム以上の体重減少がありましたか	□はい	□いいえ
12	BMIが18.5未満ですか(BMIの求め方は下の※を参照)	□はい	□いいえ
13	半年前に比べて硬いものが食べにくくなりましたか	□はい	□いいえ
14	お茶や汁物などでむせることがありますか	□はい	□いいえ
15	口の渇きが気になりますか	□はい	□いいえ
16	週に1回以上は外出していますか	□はい	□いいえ
17	昨年と比べて外出の回数が減っていますか	□はい	□いいえ
18	まわりの人から「いつも同じことを聞く」などのもの忘れがあるといわれますか	□はい	□いいえ
19	自分で電話番号を調べて、電話をかけることをしていますか	□はい	□いいえ
20	今日が何月何日かわからないときがありますか	□はい	□いいえ
21	(ここ2週間)毎日の生活に充実感がない	□はい	□いいえ
22	(ここ2週間)これまで楽しんでやれていたことが楽しめなくなった	□はい	□いいえ
23	(ここ2週間)以前はらくにできていたことが今はおっくうに感じられる	□はい	□いいえ
24	(ここ2週間)自分が役に立つ人間だと思えない	□はい	□いいえ
25	(ここ2週間)わけもわなく疲れたような感じがする	□はい	□いいえ

●**判定方法**

※BMI＝体重(キログラム)÷身長(メートル)÷身長(メートル)

1～20の■に10個以上チェックがついた人	➡全般的な生活機能低下の恐れあり
6～10で■に3個以上チェックがついた人	➡運動器の機能が低下している恐れあり
11～12の■に全部チェックがついた人	➡低栄養状態に陥っている可能性あり
13～15の■に2個以上チェックがついた人	➡口腔機能が低下している恐れあり
16～17のうち16の■にチェックがついた人	➡心身活動が不活発で閉じこもりの傾向あり
18～20の■に1個以上チェックがついた人	➡認知機能が低下している恐れあり
21～25の■に2個以上チェックがついた人	➡うつ病の可能性あり

心身の機能の衰えが心配な人⇒介護予防・生活支援サービス事業が利用できる

元気な高齢者⇒市区町村の実情に応じた一般介護予防事業を利用できる

第6章

在宅介護でぜひ知っておきたい！
認知症の人の不可解な言動の理由やケアの基本がわかるQ&A

Q73～85

現代の認知症ケアの基本 パーソン・センタード・ケアで行動・心理症状が改善

認知症の人の状態が悪くなるのはちゃんと感情があるからだ人として尊重されなければ悪くなるのは当たり前じゃないか
介護現場を長年視察してトム博士はそう考えました
そこで認知症の人がどんな人生を歩んできたかどんな生活を送ってきたかを想像しその人の視点や思いを大切にするパーソン・センタード・ケアという考え方を提唱したのです
この方は何を求めているんだろう
パーソン・センタード・ケアではこの6つの心理的欲求に応えるケアをめざします
共にあること
たずさわること
結びつき
人として尊重されること（愛）
くつろぎ
自分らしさ
パーソン・センタード・ケアは世界的に普及し2000年ごろに日本にも導入されました
この考えのもとで適切なケアを行うと薬と同等かそれ以上に認知症の人の行動・心理症状が改善し介護者の負担も減るようになったのです

Q73 認知症になると徘徊や妄想など不可解な言動が出るのはなぜですか？

A 不安や孤独感が影響しており、不可解に見えても本人にとって切実な理由がある。

在宅介護で介護者の大きな悩みになるのは、徘徊（はいかい）や妄想といった行動・心理症状（BPSD）です。認知症になると、記憶障害のために数分前のことさえ覚えていられなくなったり、これまでできていた作業ができなくなってきたり、今いる場所がわからなくなったりすることがあります。

みなさんも、「今いる場所が急にわからなくなる」「家族からもの忘れをたびたび指摘される」といった状況を想像してみてください。自分はこれからどうなってしまうのかと途方に暮れてしまうと思います。そして、「自分は役に立たないのではないか」「いつか見捨てられるのではないか」と不安な気持ちに苛（さいな）まれるのではないでしょうか。行動・心理症状は、そうした精神状態や周囲の環境が大きく関係しています。

例えば、駅に行こうとして急に今いる場所がわからなくなり、なんとかして見覚えのある場所に行こうとして歩き回った結果、徘徊にいたるケースがあります。周囲からは理由もなくウロウロ歩き回っているように見えますが、ご本人はどうにかして目的地に行こうとしたり、見覚えのある場所までたどり着こうとしたりしていた可能性があります。

また、妄想は、事実に反することを事実と思い込んでいる状態です。これは、記憶の欠落を埋めようと、あれこれと考えて辻褄（つじつま）合わせをした結果、現実には起こっていないことを現実と思い込んでいることがあります。「見捨てられるのではないか」「自分は無価値なのではないか」といった心理が影響して、配偶者が浮気をしていると思い込む「嫉妬（しっと）妄想」にいたるケースも少なくありません。

このように、一見、不可解な行動・心理症状の背景には、本人なりの切実な事情があります。認知症の人と接するには、このことを忘れないでほしいと思います。

Q74 不可解な言動のある認知症の人と接するときの基本的な心構えを教えてください。

A 不安や孤独感を常に抱えている本人の目線に立ち、笑顔で穏やかに接するのが基本。

認知症のケアでは、過去には認知症の人の「認知症」の部分が問題にされており、症状にいかに対処するかという考え方が基本でした。それが、近年は「人」の部分を大切にする**「パーソン・センタード・ケア」**という考え方へ転換し、現在はご本人の立場に立ち、**「何を考えているのか」「どう接してほしいのか」**を考えることが重要視されています。そこで、認知症ケアの基本としては、次のような心構えが基本となります。

●不安を除き安心させることを心がける

認知症の人は、自分がこれからどうなっていくのか、不安や孤独感、恐怖に苛(さいな)まれています。そのため、まずは安心させることが大切です。笑顔で本人の目線に立ち、穏やかに接します。また、記憶力の低下のため、新しいことを覚えることは難しく、慣れない環境で生活するのは困難になります。使い慣れた道具や親しい人に囲まれた、なじみの環境にいるほうが安心しやすくなることも忘れないようにしましょう。

●失敗や間違いを責めない

認知症の人は、何をするにも時間がかかったり、戸惑うことが多くなったりするので、間違いや失敗を気に病むようになります。また、記憶障害のために失敗したこと自体を忘れることもあります。こうしたことから、失敗を責めたり、間違いを叱責したりすることは、ご本人の自尊心を傷つけるので控えてください。

●わかりやすく、シンプルに伝える

認知症になると、一度に理解できる情報の量が少なくなり、複雑な作業は苦手になります。そのため、会話するときは、シンプルに伝わりやすい言葉で話しましょう。

以上のように、本人の心に寄り添って接することが大切です。そうすると、おのずと行動・心理症状が起こりにくくなります。認知症の人にとっては、接し方・ケアそのものが治療になるともいえるのです。

Q75 何度も同じことをいったり聞いたりするのですが、なぜなのでしょうか？

A 記憶障害のため、忘れることが不安で何度も確認していると考えられる。

何度も同じことをいったり聞いたりするのは、中核症状の「記憶障害」によるもので、とりわけ、アルツハイマー型認知症の人に多く見られます。

アルツハイマー型認知症になると、脳に入ってきた情報を一時的に保持する脳の海馬（かいば）という部分が徐々に萎縮（いしゅく）していきます。すると、短期記憶が苦手になって、もの忘れが増えたり、もの覚えが悪くなったりするのです。

ただし、何度も同じことをいったり聞いたりすることは、短期記憶だけの問題ではありません。むしろ、本人の**「ちゃんと覚えていなければ」「周囲に迷惑をかけたくない」**という人として当然の気持ちの表れから、焦りや不安に突き動かされてしまうことが少なくないのです。つまり、本人は**「あの話はしただろうか？」「あのことを聞かなければ」**と常に思うようになり、家族や周囲の人に確認せずにはいられなくなるのです。

このとき、家族や周囲の人は「また同じこと聞いているの？」「何度いったらわかるの？」などと対応してはいけません。というのも、本人を責めたら自信を失って心を閉ざし、認知症が悪化しかねないからです。

介護を続けるには、介護者も介護されるご本人も心の余裕を持って穏やかな気持ちでいることが大切です。時間に余裕があれば、できるだけ**同じ話であっても丁寧に聞くようにしてください。**また、**「私が覚えておくから大丈夫」**と答えると、安心して同じ質問をくり返さなくなることがあります。

対応のポイント

● 本人の気持ち
「ちゃんと覚えていなければ」
「あのことを聞かなければ」

● 対応のポイント
同じ話を何度もされても、丁寧に話を聞く。「私が覚えておくから大丈夫」と答えるのも有効。

Q 76 孫を娘の私と間違えることがあるので、驚いてしまいます。

A 認知症の人は、今いる時間・場所・人があいまいになる「見当識障害」が起こることがある。

認知症の人は、目の前にいる相手が誰なのかわからなくなることがあります。これは、人の**「見当識障害」**によるものです。脳が萎縮（いしゅく）して認知症を発症すると、時間・場所・人の認識があいまいになることがあります。これを見当識障害といいます。

対応のポイント

- **人の見当識障害**
  目の前の相手が誰なのかわからなくなった状態。同居している家族がわからなくなることもある。

- **本人の気持ち**
  「この家にいる小学生くらいの子だから、娘に違いない」
  「娘だと思ったけど、娘ではないのだろうか」

- **対応のポイント**
  間違いを正さず、一時的にその人になりきって話を聞く。

人の見当識障害（人物誤認ともいう）は、病状がある程度進んでから現れますが、**認知症の人の3人に1人に起こるといわれています。**

症状としては、相手が誰なのか全くわからないケースもあれば、よく知っているのに誰なのか思い出せないケースもあります。また、過去の記憶がよみがえり、目の前にいる相手を昔の家族関係の誰々と思い込むのもよくあることです。

質問のように、お孫さんを娘さんと間違えてしまうのは、目の前にいるお孫さんと記憶に残る小さかったころの娘さんを重ね合わせているからでしょう。

こうした場合、「違うでしょう。私は○○よ」「しっかりして、どうしてわからないの」といって否定すると、余計に混乱してしまう恐れがあります。**間違いを正さず、いったん、その人になりきって接するといいでしょう。**しばらくすると、記憶が戻ってきて正しく認識できるようになることもあります。

Q77 買い物に出かけると帰ってこられなくなることがあるようです。これはなぜですか？

A 出先で時間や所在があいまいになり、今いる場所がわからなくなった可能性がある。

認知症の人が外出先で迷子になり、自宅に帰れなくなるのは、時間・場所の感覚があいまいになる**「見当識障害」**が起こり、自分が今どこにいるのか、何をしているのかわからなくなることが一番の原因と考えられます。

ふだん、買い物に出かけている商店街やスーパーでも、時間・場所の見当識障害や徘徊（はいかい）の症状が現れたら帰宅することは困難になります。だからといって、「また迷子になるよ」「出歩かないで」といって買い物に行くのを制限するのは、心身の衰えを助長するのでよくありません。家族は前もって対策を講じる必要があるのです。

基本的に、認知症の人が外出するさいは、家族が同行するようにしてください。本人が「ついてくるな」と嫌がるときは後ろから数ｍ（メートル）離れてついていきます。そして、道に迷っているようすが見られたら、近づいて「そろそろ帰りましょう」と声をかけて帰宅を促します。

家族が常に同行できない場合は、「おかえりＱＲ」（左の図参照）などの迷子用の早期発見シールを購入し、靴や杖（つえ）、帽子、バッグなどに貼（は）るといいでしょう。

迷子用の早期発見シールが便利

高齢者が迷子になったとき、発見者が家族に連絡できる早期発見シール「おかえり QR」（株式会社昭文社）。発見者はスマートフォンでQRコードを読み取り、家族に送信する。ネットショップ、一部の郵便局などで購入できる。

Q78 家にいる母が夕方になると「帰る」といって出かけようとします。なぜなのでしょうか？

A 若いころの習慣がよみがえり、夕食を作るために帰ろうとしていることが考えられる。

認知症になると、夕方ごろにソワソワしだして「夕食の支度があるので家に帰る」といって自宅を飛び出そうとする女性が多く見られます。

これを、**「夕暮れ症候群」**といいます。このとき帰ろうとするのは、現在の自宅ではなく生家の場合が多いようです。夕方になって不安が募ったり、何もすることがない虚無感から、ふとしたことから意識が若いころに戻り、**「ここは自分の家ではない」「家族のために夕食の支度をしなければ」**と思い、自宅に帰ろうとするのです。

このとき、家族や周囲の人は「ここが自分の家でしょう」といって否定してはいけません。また、鍵をかけて閉じ込めようとするのも逆効果になる恐れがあります。

「タクシーを呼んだからお茶を飲んで待ちましょう」「もう遅いから今日は泊まっていったら」など、本人が納得する提案をしてみましょう。時間がたち、翌朝になったら昨晩のことは忘れていることが多いものです。

また、**実際にいっしょに散歩をして、頃合いを見て家に帰るように促すのもいいでしょう。**

なお、認知症の男性の場合、朝食を食べ終わると「会社に行く」といって昔の勤務先に出社しようとすることがあります。そうした場合も、「10年以上前に定年退職したでしょう」といって引き留めるのではなく、「事故で電車が止まっているようです」などといって、一度、落ち着いてもらうといいでしょう。

対応のポイント

● 本人の気持ち

「ここは私の家ではない」
「家族のために夕食の支度をしなければ」

● 対応のポイント

・「タクシーを呼んだから、お茶を飲んで待ちましょう」などといって落ち着かせる。
・いっしょに散歩をして、頃合いを見て家に帰るよう促す。

Q79 スムーズに会話ができなくなってきました。どう対応したらいいですか？

A 聞き取りが苦手になっていると思われるので、一語一語、ゆっくりと話す。

認知症の中核症状の一つに**「失語」**があります。これは、聴覚や言葉を発する器官（声帯や舌など）に異常はないのに、言葉を理解できなくなったり、言葉を発することが困難になったりする状態です。

認知症になると聞き取りが苦手になり、通常の会話が早送りで聞こえるようになるといわれています。

対応のポイント

● **本人の気持ち**
「言葉が伝わらなくてもどかしい」
「うまく会話ができなくて寂しい」

● **聞くときのポイント**
本人の言葉をしっかりと聞き、顔を見て相槌を打つ。

● **伝えるときのポイント**
・一語一語、豊かな表情でゆっくりと話す。
・短い言葉でわかりやすく伝えることを心がける。

また、失語になると、「あれ」「それ」などの代名詞が増えたり、質問をしてもオウム返しにしたり、話すスピードが遅くなったり、文法を無視した話し方をしたりするようになります。

本人は自分の意志を伝えようと必死なのですが、なかなか伝わらないので、とてももどかしい思いを抱くことになります。そのため、本人は徐々に自信を失い、孤独で不安な気持ちになります。家族や周囲の人は、本人の言葉をしっかりと聞き、顔を見て相槌（あいづち）を打つようにしましょう。一語一語、豊かな表情でゆっくりと話すことを心がけてください。ジェスチャーを交えて伝えるのも有効です。

また、短い言葉でわかりやすく伝えることも大切です。例えば、「明日は外食にしたい。駅前にできたレストランにみんなで行こう」といっても、認知症の人は途中で理解できなくなってしまう可能性があります。「明日は外で食べよう」と簡潔に伝えるほうがいいでしょう。

Q80 何もないところに「虫がいる」「人がいる」と騒ぐことがあります。

A 幻視は本人には本当に見えていると考え、否定せず、近づいていっしょに対象に触れる。

そこにない物やいない人が見える**「幻視」**、見間違えたりする**「錯視」**は、認知症の行動・心理症状（BPSD）の一つです。

幻視が起こると、誰もいない空間に向かってブツブツと話しかけたり、何もない壁で虫を捕まえるような仕草をしたりします。また、幻視が起こると丸めたタオルが動物に見えてギョッと驚いたりします。

こうした幻視・錯視の症状は、**レビー小体型認知症**の代表的な症状です。レビー小体型認知症は、初期のうちに脳の中で視覚野のある後頭葉が障害を受けるため、意識がはっきりしているのに実際にない物が見えたり、見間違えたりすると考えられています。

まずは「そこに見えるんだね」と共感して対応することが大切です。このとき、無理に話を合わせて見えないものを「見える」という必要はありません。また、**幻視・錯視は、本人には実在するかのように見えているので、家族や周囲の人は、それを否定してはいけません。**

対象に近づいていっしょに手で触れてみれば、本人は何もないことを正しく認識できることがあります。

いないはずの人が見える

幻視が起こると、実際にはそこにいない人が見えるようになる。例えば、死別した親、兄弟姉妹、あるいは小さかったころの子供などが目の前に現れ、実在するかのように錯覚する。

Q81 「財布を盗られた」といって疑いをかけられるので、気が滅入ってしまいます。憎まれているのでしょうか？

A 「物盗られ妄想」という症状で身近な人ほど疑われる。

財布や預金通帳などの大切な物が見つからなくなり、盗まれたと思い込むことを**「物盗られ妄想」**といいます。「妄想」は認知症の行動・心理症状（ＢＰＳＤ）の一つですが、物盗られ妄想は認知症の初期段階に多く見られます。

物盗られ妄想は、本人が保管した場所を忘れてしまったというケースがほとんどです。

しかし、認知症の人は、ふだんから「なくさないぞ」と最大限努力していることが多く、自分が保管場所を忘れたことを認めたがりません。その結果、不安が募って「誰かが盗んだのではないか」と思い込んでしまうのです。

物盗られ妄想で第一に疑いをかけられるのは、家族あるいは介護者です。ふだん身の回りの世話をしているのに疑いをかけられるのはショックですが、ここで反論してはいけません。反論して本人に不快感を与えると不信感だけが残り、その後の介護が大変になります。

ですから、**盗みの疑いをかけられても、よく話を聞き、心に余裕を持って対応することが肝心です。**本人が不安な気持ちでいることを忘れてはいけません。「買い物に行こうとしていたの？」「何を買おうとしていたの？」などと話をしながら、いっしょに探しましょう。そして、見つかったらともに喜び合うことです。なお、大切な物は、意外な場所に保管していることが多いので、ソファーやベッドのすきま、タンスや机の引き出しの奥などにも目を配って探してみましょう。

対応のポイント

● **本人の気持ち**
「いつも気をつけているから、
私がなくすはずはない。
誰かが盗ったに違いない」

● **対応のポイント**
話をしながらいっしょに探すなど、余裕を持って対応する。ベッドのすきまやタンスの奥など意外な場所から見つかることも。

Q82 食べたばかりなのに「食事はまだか」といわれます。原因はなんですか？

A 空腹や満腹を司る脳の中枢神経の異常が原因。食べた記憶が失われていることも。

認知症の人は、食事をとったばかりなのに「おなかが減った」「食事はまだか」と訴えることがあります。これには、二つの原因が考えられます。

一つは、食欲をコントロールすることが難しくなること。食欲は、脳の満腹中枢が司っています。ふつう、十分な量を食べれば満腹中枢が刺激され、食事の満足感を得られます。ところが、認知症の人は満腹中枢が正常に機能せず、食事の満足感が得られにくいのです。

もう一つは、記憶障害。記憶力が著しく低下すると、ついさっき食事をとったばかりなのに、その記憶が抜け落ちて食事をとっていないと思い込んでしまうのです。これは、認知症の初期から中期によく起こります。

食後にこのような訴えがあったとき、家族や周囲の人が「さっき食べたでしょ」といっても本人は納得しません。「食事をさせてくれないなんてひどい」と、かえって不信感を抱かれることもあります。

そこで、本人の訴えを否定せずに、まずは、食事の支度をしているふりをしたり、お茶をすすめたり、せんべいを1、2枚渡したりして反応を見てください。それでも訴えが収まらないようなら、1回当たりの食事量やカロリーを減らして、1日4、5食に回数を増やせばいいでしょう。

対応のポイント

● 本人の気持ち

「まだご飯を食べていない」
「ご飯を食べていないのに、用意してくれないなんてひどい」

● 対応のポイント

・訴えを否定しない。
・「今作っているから、もう少し待ってください」といって、お茶を飲むようにすすめてようすを見る。
・せんべいなどのおやつを渡す。
・1回当たりの食事量やカロリーを減らして、1日4、5食に回数を増やす。

※「さっき食べたでしょう」といったり訴えを無視したりしない。

Q 83 介助しようとすると「バカにするな」といって抵抗されます。なぜでしょうか？

A 認知症でも本人の自尊心は残っているので、敬う気持ちを忘れないことが大切。

認知症の人の介助をしていると、まるで余計なことばかりに抵抗を受けるケースが少なくありません。これにはさまざまな理由が考えられますが、**気をつけなければならないのは本人のプライド（自尊心）の問題です。**

認知症の人は記憶障害でもの忘れが激しいものの、**感情面は保たれています。そして、健常だったころと同じように、プライドを持って生活しているのです。**

ところが、認知症を発症して介助が必要になると、家族や周囲の人は、つい本人を子供扱いしてしまいがちです。以前までは一人前の大人として暮らしていたのに子供扱いされたのでは、「バカにするな」と怒るのも無理はありません。

この問題は、**「エイジズム」**という考え方が関係しています。エイジズムとは、年齢に対する固定観念から生まれる偏見のこと。例えば、定年退職、運転免許証の自主返納、賃貸住宅への入居拒否などは、悪い意味での**否定的エイジズム**です。一方で、医療費の自己負担分の優遇、交通機関のシニア割など、いい意味での**肯定的エイジズム**もあります。日本は昔から高齢者を敬う文化があり、肯定的エイジズムの傾向が強いとされています。

認知症の人を子供扱いすることは、大人としての本人のプライドに対する配慮に欠けることから、否定的エイジズムといえるでしょう。

たとえ相手の認知力が衰えていても、敬う気持ちを忘れず、敬語で話すことが肝心です。くれぐれも、赤ちゃん言葉で話しかけたりしないでください。

エイジズムとは

エイジズムとは、**年齢に対する固定観念から生じる偏見のこと。**定年退職などの「**否定的エイジズム**」、シニア割などの「**肯定的エイジズム**」の2タイプに大別される。高齢者を子供扱いすることは、大人としての本人のプライドに対する配慮に欠けることから、否定的エイジズムといえる。

Q84 ちょっとしたことでイライラしたり暴力を振るったりするのでつらいです。

A 本人は常に不安なので、ささいな言葉に敏感になりがち。笑顔で接することを心がける。

認知症の人は、常に不安やストレスを抱えて生活しているため、ちょっとしたことでイライラして怒ったり、暴力を振るったりすることがあります。

介護者の何げない言動でも、認知症の人にとってはとても不快に感じることがあります。 例えば、着替えの介助の途中で暴力的になったとしたら、本人にとっては、突然、体を触られたように感じて驚いたのかもしれません。また、会話の途中で怒りだしたとしたら、言葉が出ずにうまく想いが伝えられないため、もどかしさが暴力という形で現れた可能性も考えられます。

こうしたときに、「暴れないで！」と抗弁したり、力で抵抗したりすると、かえって暴力がエスカレートする恐れがあります。**まずは介護者が落ち着き、本人がどのような状況で暴力的になるかを見極める必要があります。不快感に配慮して、本人のペースに合わせ笑顔で穏やかに接するように心がけてください。**

ところで、認知症の人は、体のどこかが痛かったり、苦しかったりすると粗暴になることがあります。言葉で体調不良をうまく伝えられず、不機嫌な態度になるのです。本人の体調管理を適切に行うようにしましょう。

認知症の人が怒りやすい理由

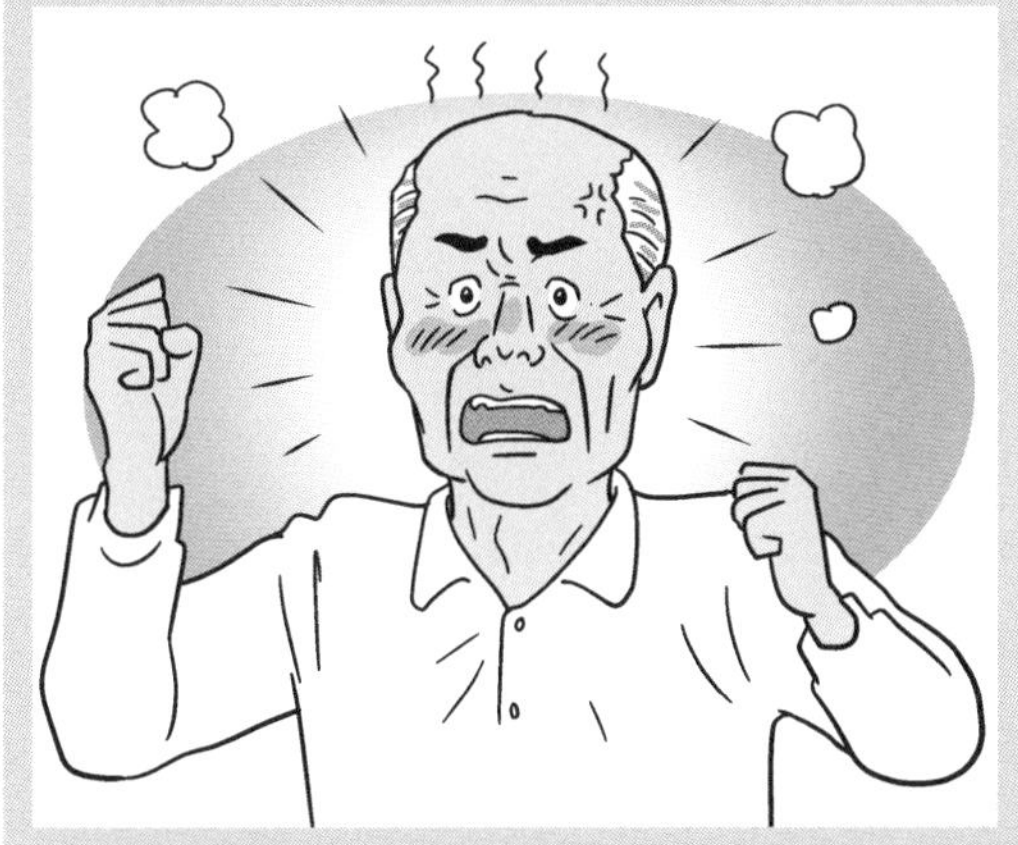

認知症の人は常に不安やストレスを抱えて生活していたり、不快感やもどかしさをうまく言葉で伝えられなかったりすると、イライラや怒り、暴力となって現れやすくなる。

Q85 自分の便をいじっていたことがあり、びっくりしました。なぜでしょうか？

A 嗅覚が衰えて便を正しく認識していない可能性がある。定期的にトイレへ行くよう促す。

自分の排せつ物（便）を手でいじったり、服や壁になすりつけたりする行為を「弄便（ろうべん）」といいます。

弄便は、アルツハイマー型認知症が重症化しかけている時期に多く見られる症状です。アルツハイマー型認知症になると嗅覚（きゅうかく）が衰え、排便の感覚も鈍くなり、**便を便として認識することが難しくなります。**そのため、便がもれ出たときに、便をほかの物と誤認してしまうのです。食べ物と認識すると、便をなめたり、食べたりすることもあるので、同居している家族は注意深く対応する必要があります。

便をいじったり、服や壁にこすりつけたりする行為を見るとショックを受けてしまいますが、本人にはその自覚がないので、家族がきつく叱っても意味はありません。むしろ、なぜ叱られているのかわからずに本人が混乱し、介護がよりいっそう困難になる恐れがあります。

現実的な対処法としては、本人が排便する時間を推し量り、そのタイミングが近づいたら定期的にトイレへ行くように促すことです。自然に便意をもよおす人なら食後、便秘で下剤を飲んでいる人なら服薬後など、おおよその排便の時間を予想できるでしょう。トイレで排便したあとは、水で流したか、お尻をきれいにしたか、衣服やトイレの壁は汚れていないかを確認してください。

弄便の症状が現れた認知症の人を介護するのは大変なことです。介護のストレスで限界を感じたら、1人で抱え込まずに自治体の相談窓口を利用しましょう。

対応のポイント

● 本人の気持ち

「この黒くて軟らかい物はなんだろう。食べ物だろうか？」

● 対応のポイント

- 本人は便だと自覚できていないので、叱っても無意味。逆効果になる恐れもある。
- 排便のタイミングを推し量り、定期的にトイレへ行くよう促す。

第7章

在宅で認知症介護をする人の悩みに答える

場面別 Q&A

Q86 ～ 101

コロナ禍で介護虐待が増加！介護から離れる時間を作りストレスに対処しよう

おやぁ
お疲れですね

最近父がいつもイライラしていてあれをしろこれをしろってうるさくて……
私もつい口調が荒くなってしまうんです
ふ～
鈴木和夫さん（56歳）

コロナのせいでずっと2人で閉じこもりきりだからでしょうか
鈴木さんはとても真面目にお父さまの介護をされている人です

コロナ禍が始まってから感染拡大を防ぐために認知症カフェなど地域の活動を自粛するようになりました
認知症カフェ中止
CLOSE
そのせいで外出できず孤立する人が増え2020年には家庭内の介護虐待の件数が過去最高になったことも報告されています

ショートステイなどを使って少しお休みしたらどうでしょう
でも父は亡くなった母を最期まで介護していたので自分もちゃんとやらなければと……
鈴木さんは十分に頑張ってますいい介護をするためにも介護から離れる時間を作るのも大事ですよ
そうでしょうか……

鈴木さんのお父さまは週に数日ショートステイを利用するようになりました

1ヵ月後
ショートステイに通うようになってからかえって父の機嫌がよくなってなんだか気がらくになりました
それはよかった

父のためにも自分の時間を大切にしたほうがいいのですね

在宅介護でストレスがたまったら1人で悩まないですぐに介護事業所や地域包括支援センターかかりつけ医などに相談してくださいね

Q86 同居の母が認知症と診断されました。日中は1人で留守番させているので不安です。大丈夫でしょうか？

A デイサービスや訪問介護を利用して、日中の介護負担を減らそう。

介護者が介護と仕事を両立させていくためには、介護サービスを有効に活用して、日中の介護負担を減らすことが大切です。長時間一人で留守番をさせることが心配ならば、**ヘルパーが自宅にきて食事や入浴などの身体介護や生活援助を行ってくれる「訪問介護」（ホームヘルプ）**や、**施設に出かけて行って生活支援やレクリエーションを受けられる「通所介護」（デイサービス）**などをどんどん利用しましょう。

サービスの利用を始めるさいは、まず、ケアマネジャーに相談します。利用者本人と家族の要望を伝えれば、それに合ったサービス事業所をいくつか紹介してくれるでしょう。気になる施設が見つかったら、事前に本人を連れて見学に行きましょう。そこでの反応を見ると同時に、立地や職員の対応、施設内の設備や雰囲気、食事のメニュー、レクリエーションの内容などを確認してください。介護資格を持っている職員がどのくらいいるのか、サービスの内容や担当者の変更にスムーズに応じてもらえるかなど、気になる点はどんどん質問し、お互いに納得できる施設を選びましょう。

在宅介護を支援する主な介護サービス

訪問系サービス	通所系サービス
訪問介護（ホームヘルプ）	通所介護（デイサービス）
ホームヘルパーが自宅を訪問し、買い物や洗濯、掃除、調理、入浴などの援助や介護を行う。	事業所に1日や半日の日帰りで通い、食事や入浴、機能訓練など各種サービスを受ける。
訪問看護	通所リハビリテーション（デイケア）
看護師が自宅を訪問し、主治医の指示書にしたがって病状の確認や服薬管理などを行う。	医療機関や介護老人福祉施設などで理学療法士や作業療法士によるリハビリテーションが受けられるサービス。
訪問リハビリテーション	認知症対応型通所介護
理学療法士や作業療法士などが自宅を訪問し、機能回復や自立支援のためのリハビリを行う。	認知症の利用者を対象に、通所介護の施設で専門的なケアを受けられる少人数対応のデイサービス。
その他（宿泊可能なサービス）	
短期入所生活介護（ショートステイ）	小規模多機能型居宅介護
介護老人福祉施設などに最短1日から宿泊して、食事や入浴、機能訓練などさまざまなサービスを受ける。	同じ施設で通所・訪問・ショートステイを組み合わせて利用できるサービス。

Q 87 目を離すと料理をしようとするのですが、火の不始末が心配です。

A 火や刃物の扱いなど重大な事故につながるものは対策が必要。ガスよりIHのほうが安全。

認知症の人は、料理の最中に別のことに気を取られると、それまで料理をしていたことを忘れてしまいます。その結果、ガスコンロの火がつけっぱなしになり、鍋ややかんを焦がしてしまうというケースが少なくありません。こうした火の不始末は住宅火災を招く大きな要因の一つ。ケガややけどをしたり、自宅が焼けたりするだけでなく、近隣にも大きな損害を与える可能性があるので十分に注意しなくてはなりません。

そこで、対策として、**ガスコンロを自動消火機能のついた機種に変更する**のはいかがでしょうか。この機能がついていれば、ガスコンロに鍋が置かれていない状態や過熱状態のときに自動で火を消してくれるので安心です。また、**火の出ない電磁調理器（IHクッキングヒーター）に交換する**のもおすすめです。

認知症の人は新しいことを覚えるのが大変なため、新しい機器に換えると使いづらくなって、自然と料理から離れてくれるかもしれません。ただし、料理が好きだった人から食事を作る楽しみを取り上げるようなことになると、逆にストレスとなって認知症の症状が悪化する恐れがあるので注意が必要です。また、今まで日常的に行っていたことを急に禁止すると、不安や混乱を招いてしまうこともあります。そのようなときは、**できるだけ家族がいっしょに調理をするようにして、火を扱う作業は家族が担当し、それ以外の作業（食材の下処理や盛りつけなど）をやってもらえばリスクが軽減します。**

なお、家族が家を空けるときや夜間には、ガスの元栓を締める、あるいは、電磁調理器の主電源を切るようにして火を使えないようにすればさらに安心です。ガスコンロの場合、元栓の位置を変えるなどの工夫を施せば、勝手にいじられるリスクも減らせます。また、万が一に備えて衣服やカーテンを難燃性のものに替えておくといいでしょう。

Q88 突然、徘徊していなくなることがあるので気が休まりません。

A 徘徊対策のGPSを使ったり、持ち物に連絡先をつけておくことが大切。

認知症が原因の徘徊(はいかい)は、さまざまな危険を伴うため家族にとっては大きな負担となります。とはいえ、徘徊するのには本人なりの理由があるので、やみくもに阻止せず「お茶を飲んでからにしましょう」などといって気をそらせたり、散歩のつもりでとりあえずいっしょに外に出たりすると、本人の気持ちが落ち着くことがあります。

家族が目を離したすきに外に出て行ってしまう場合には、**GPS**（本人の居場所が確認できる機器）を持たせるのがおすすめです。例えば、いつも履(は)いている靴の中敷きの下に小型のGPSを装着しておけば、いつでもパソコンやスマートフォンを使っておおよその現在地を把握できるようになります。また、**衣服の目立たない場所に名前と住所、連絡先などを書いたネームプレートを縫いつけておく**といいでしょう。

そのほか、見守りサービスの一環として、自治体の**「認知症高齢者SOS見守りネットワーク」に登録**しておくと、行方不明になったさいに役所や警察が関係機関と情報を共有して捜索に協力してくれます。また、近所の人に事情を話して、1人で歩いているのを見かけたら知らせてもらうようお願いしておくのもいいでしょう。

徘徊がひどく、夜間にも外に出ていってしまう場合は、**玄関や勝手口、掃き出し窓などに補助錠をつける**ことも検討してみてください。

徘徊への備えと対策

- □ 持ち物や服に**連絡先**を書いておく
- □ **GPS端末**を持たせる
- □ **見守りネットワーク**に登録
- □ いっしょに**外出**して落ち着かせる
- □ **趣味**や**好きなこと**で気をそらす
- □ 玄関に**補助錠**や**センサー**をつける
- □ 徘徊しそうなルート上にある**商店などに事情を説明**しておき連絡を頼む
- □ **適度な運動**でエネルギーを発散して外出欲求を抑える
- □ **生活リズム**を整えて夜間徘徊を防ぐ

Q 89 「デイサービスに行きたくない」といっています。何か嫌なことがあったのでしょうか？

A 無理強いはしない。本人が行きたがるほかの施設のデイサービスを改めて探す。

デイサービスに行きたくないといわれたら、無理強いをせず、行きたくない原因を探りましょう。

まずは、ケアマネジャーに相談して、**デイサービスの生活相談員に事情を聞いてみる**といいでしょう。それでもわからないようなら、本人の気持ちになって考えてみてください。例えば、それまで1日の大半を家の中で気楽に過ごしていた人なら、新しい場所へ入っていくことを不安に思ったり、おっくうに感じたりするかもしれません。施設に行くことを近所の人に知られるのが恥ずかしいと思う人もいます。

その場合は、本人が施設に慣れるまで家族が送り迎えをして、いっしょにデイサービスに付き添うといいでしょう。手間はかかりますが、家族としては施設の中をじっくりと見学できるチャンスです。スタッフと顔見知りになれば、質問や要望が伝えやすくなります。

また、いっしょに行っていた友人がこなくなってつまらない、何もすることがなくて退屈だといった理由でデイサービスを嫌がるケースも少なくありません。その場合は、**手芸や歌、踊りなど、本人がやりたいと思うサービスが受けられる施設に変更する**といいでしょう。

デイサービスは、利用者どうしの交流やレクリエーション、運動などを通じて心身の活性化を図る場所。本人がデイサービスを楽しんで充実した時間を過ごしてもらうことを第一に考えて施設選びをしてください。

デイサービスに行きたがらない理由

- □ 新しい環境が**不安**
- □ 通うのが**めんどうくさい**
- □ 通所を人に知られるのが**恥ずかしい**
- □ 施設でのレクリエーションなどが**つまらない**
- □ いっしょに楽しめる友人がいない
- □ 利用者やスタッフとの**人間関係がよくない**
- □ 人と**コミュニケーション**を取るのが**苦痛**

Q 90 ほかの利用者の方に暴力を振るってしまったらしく、デイサービスの利用を断られてしまいました。

A ケアマネジャーに相談。ほかの施設なら受け入れてもらえることもある。

デイサービスを行う施設では、利用者が迷惑行為を起こした場合に、受け入れを断られてしまうことがあります。ただし、介護保険法で「介護施設は、正当な理由がなくサービスの提供を拒否してはならない」と定められているので、納得がいかない場合は、トラブルが起こったときの状況、拒否にいたった理由を施設側にきちんと説明してもらいましょう。

認知症になると、脳の認知機能が低下することで感情のコントロールが難しくなります。そのため、不安や怒りが抑えられなくなり、さらに、その気持ちがうまく伝えられないことにイラ立って、暴言や暴力につながってしまいます。

もし、施設で暴力を振るってしまったのであれば、本人なりになんらかの理由があったはず。例えば、相性の悪い利用者や職員が近くにいたり、施設の雰囲気が合わないと感じていたりするなら、同じ場所でサービスを受けつづけるかぎり、本人に苦痛が伴います。それではせっかくのサービスが逆効果になってしまうので、思い切って別の施設に移ることも検討しましょう。

暴言、暴力が原因でサービスの利用を断られるようなことがあると、ほかでもまた同じことになるのではないかと不安になるかもしれません。**しかし、認知症向けのデイサービスであれば、事情を理解したうえですんなりと受け入れてくれる施設がたくさんあるので、ケアマネジャーに相談してみるといいでしょう。**

例えば、**認知症対応型通所介護（認知症デイサービス）**は、一般のデイサービスよりも認知症の利用者への対応やケアが手厚くなっています。認知症の症状があり要介護状態の人であれば利用でき、食事や入浴、機能訓練などのサービスを受けられます。なるべく少人数制で、認知症にかんする専門性を持った職員が、きめ細やかなケアを行っている施設を選びましょう。

Q91 ケアマネジャーから「重度認知症デイケア」の利用をすすめられたのですが、どんなところですか？

A 介護保険ではなく医療保険で利用でき、より進行度の高い人に適しているデイケア。

重度認知症デイケアとは、重度の認知症や、せん妄・妄想・興奮・自傷・他害などの精神症状や問題行動のある人が利用できる通所型の医療サービスです。

一番の特徴は、認知症専門の医師、看護師、精神保健福祉士、作業療法士、介護福祉士らが連携し、医学的管理のもとで、食事・排せつ・入浴などの基本的な生活の援助や、**個々の心身の状態に応じた手厚いケアが受けられる**ことです。具体的には、個別で行動療法や機能回復訓練を行ったり、集団でレクリエーションやスポーツなどを行ったりして、精神症状や問題行動の軽快、改善、認知症の進行防止、残存機能の維持・向上を図ります。

医療保険適用なので、条件を満たせば介護度に関係なく利用でき、**介護保険サービスの上限額とは関係なく通所が可能**です。また、自立支援医療制度を申請すれば自己負担額はさらに減らせます。介護保険との併用も可能なので、精神科医による薬物療法とデイケアでの非薬物療法を組み合わせた効果が期待できます。

なお、施設によってプログラムに違いがあるので、1日体験などを試して最適な施設を見つけてください。

重度認知症デイケアと介護保険デイケアの違い

	重度認知症デイケア	デイケア (通所リハビリテーション)
適用保険	医療保険	介護保険
利用条件	精神科医による診察	要介護１～５の認定
利用目的	●認知症の進行の遅延 ●心身機能の維持・改善	●日常生活における自立支援のためのリハビリ
特　徴	●精神科医による専門治療や生活指導 ●作業療法士など専門スタッフによるリハビリ ●認知症の行動・心理症状の軽減 ●介護負担の軽減	●心身機能の維持・回復 ●日常生活における自立支援 ●理学療法士や作業療法士による個別リハビリ ●器具を使ったパワーリハビリ ●管理栄養士による栄養改善 ●言語聴覚士や歯科衛生士による口腔機能向上

Q92 子供が受験を控えているのですが、親の認知症介護を始めました。勉強の妨げになるのではないかと不安です。

A 親の認知症介護は公的サービスを利用して、子供の受験を優先する。

親の介護と子育てが重なる「ダブルケア」。最近は出産年齢の高齢化もあり、ダブルケアに悩む人が増えています。親と子供を同じようにケアできればいいのですが、両立させるのは大変難しいのが現実です。

もし、親が認知症になり、子供の受験と重なってしまった場合は、**介護よりも子供の受験を優先**すべきです。受験は子供の将来を左右する大きなイベントです。いつ終わるかわからない介護とは違い、ある程度期限が決まっていますから、その間だけでも子供が落ち着いて勉強に打ち込める環境を作ってあげましょう。そのためには、まず介護者の負担を減らすことが大切です。**デイサービスなどを利用して、介護に割いていた時間を子供と向き合う時間に変えてください。**

認知症の症状では、家の中をうろうろと歩き回ったり、大声を出して騒いだりすることがあります。また、昼夜が逆転し、それが夜中にも頻繁に起こることもあります。

そのようなときは、定期的にショートステイを利用するか、場合によっては施設への入居も検討してください。

介護と育児が重なるダブルケアが増加

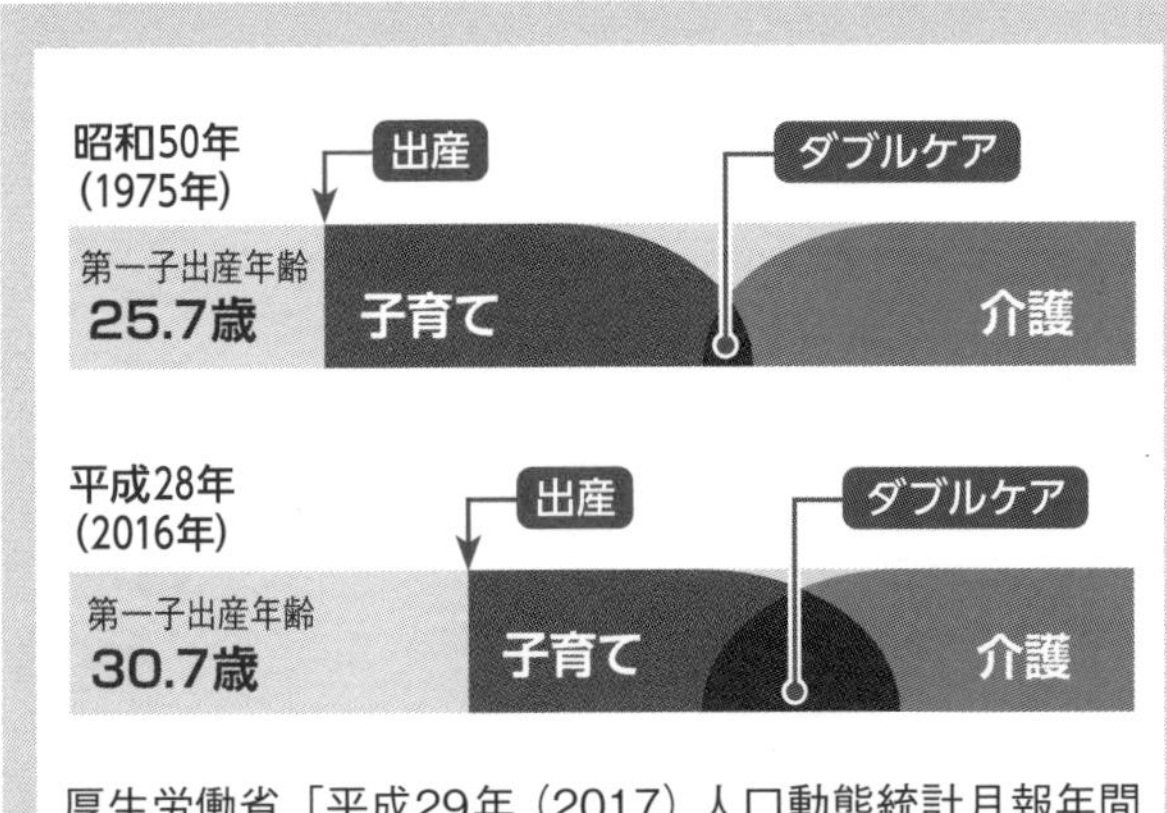

厚生労働省「平成29年（2017）人口動態統計月報年間（概数）の状況」をもとにソニー生命が作成

40〜50年前には、両親の介護は子育てが一段落してからという状態が主流だったが、現在は晩婚化で出産年齢が高齢化し、介護と育児が同時期に発生するダブルケアを経験する人が増えている。

Q93 親が比較的元気なうちに思い出作りの旅行に行きたいのですが不安があります。いい方法はありますか?

A 介護タクシーやトラベルヘルパーなど旅行に協力してもらえるサービスがある。

旅行で美しい景色を見たりおいしい料理を食べたりすることは、認知症の人にとっても、介護している家族にとっても、心身をリフレッシュするいい機会になります。とはいえ、介護をしながらの旅行には予期せぬトラブルがつきものです。それを考えると、不安を感じてなかなか実行に移せないという人が多いのではないでしょうか。

そこでおすすめしたいのが「トラベルヘルパー」というサービスです。トラベルヘルパーとは、介護と旅行の知識を併せ持つ「外出支援」の専門家。旅行のさいの宿泊先や交通機関の手配をはじめ、旅行先での食事や入浴、排せつの介助などのサービスを担ってくれるため、同行してもらえば家族の負担が大幅に減り、安心安全で快適な旅行を楽しむことができます。

このほか、旅行会社が提供する「介護つき旅行」や、介護資格を持った運転手が現地での観光をサポートしてくれる「介護タクシー」などのサービスもあります。くわしくは、地域包括支援センターや担当のケアマネジャーに問い合わせてください。

なお、認知症の人を旅行に連れていくさいは、長い行程は避け、時間に余裕を持って行動できるようスケジュールを立てましょう。また、トイレの場所や休憩場所をあらかじめ確認しておくと安心です。認知症の人は、疲れてくると急に不機嫌になったり、記憶障害が生じやすくなったりします。特に、どこに行くのかを忘れて不安になる人が多いので、本やパンフレットで目的地の写真などを見せながら、何度も行き先を伝えるようにするといいでしょう。

また、旅行先で医療機関にかかる場合を想定して、健康保険証やお薬手帳は忘れずに持参すること。そして、行方不明に備えて、身元がわかるものやＧＰＳを必ず持たせるようにしてください。

Q94 毎日、介護ばかりで休む暇がなく、疲れてしまいます。上手に休む方法はありますか？

A ショートステイなどを利用して自分の時間を確保し、持続可能な介護をめざす。

もし、体や心の不調を感じたら、しっかり休養を取ることが大事です。介護で倒れてしまう前に、介護者をケアする**「レスパイトケア」**を有効に活用しましょう。

レスパイトは「小休止」や「息抜き」といった意味を持つ言葉で、レスパイトケアとは、介護者が一時的に介護から離れて心身を休め、リフレッシュするためのサービスのことです。介護において他者の手を借りることは悪いことではありません。むしろ、持続可能な介護生活のためには、レスパイトケアが必要不可欠なのです。

レスパイトケアで、介護保険でまかなわれているものには、**「訪問介護（ホームヘルプ）」**や**「デイサービス（通所介護）」**、**「ショートステイ（短期入所生活介護）」**などのサービスがあります。

また、介護保険によるショートステイの利用が困難な人を病院で受け入れる**「レスパイト入院（介護家族支援短期入院）」**もあります。これは、介護保険ではなく医療保険を利用する短期入院サービス。介護者の体調不良、冠婚葬祭などの事情により、一時的に在宅療養・介護を続けることが困難であると医師が判断した場合に利用できます。

レスパイトケアとして利用できる主なサービス

	ホームヘルプ（訪問介護）	デイサービス（通所介護）	ショートステイ（短期入所生活介護）
介護保険を利用	ホームヘルパーが自宅にきて食事や入浴、排せつなどの介助を行うので、施設に行くことに抵抗がある人も利用できる。	主に朝から夕方までの日中に施設でサービスを受けるので、介護者は自分の時間を半日以上、確保できる。	介護保険で1日から最長30日間の利用が可能。介護者が数日間自宅を離れるときや、体調不良や入院のさいに活用できる。
医療保険を利用	レスパイト入院（介護家族支援短期入院）		
	介護保険でなく医療保険を利用した短期入院サービス。医療的管理が必要で、ショートステイが困難な人でも利用できる。		

Q95 介護について相談できる人がいないので孤独を感じています。気軽に相談できる場はありますか？

A 地域の「認知症カフェ」に参加すると、介護の悩みを相談できる人が見つかることもある。

認知症介護の悩みはまわりの人にいいづらく、介護に追われていると外出の機会が減って孤立感も強まります。そうした人たちが気軽に交流できる場として、最近増えているのが**「認知症カフェ」**（オレンジカフェ）です。介護保険サービスとは関係なく、自治体や介護施設、福祉関係のNPO団体などが主体となって運営しているもので、介護施設に併設されているところ、常設のスペースを設けているところ、定期的に時間を決めて場所を提供しているところなどがあります。

認知症カフェは、地域住民や医療・介護の専門家など誰でも集うことができる開かれた空間で、お茶を飲みながら自由に楽しい時間を過ごすことができます。同じ悩みを持つ者どうしで相談し合ったり、苦労を共感し合ったりすれば、新たなつながりが生まれます。介護の先輩からの的確なアドバイスや、本やインターネットではわからない耳寄りな情報などを得られることもあり、在宅介護を続けるうえで大きな支えになります。

なお、認知症カフェの情報は、自治体のウェブページや地域包括支援センターで確認してください。

認知症カフェ・10の特徴

❶ 認知症の人とその家族が**安心して過ごせる場**
❷ 認知症の人とその家族がいつでも**気軽に相談できる場**
❸ 認知症の人とその家族が自分たちの**思いを吐き出せる場**
❹ 本人と家族の暮らしのリズム、関係性を崩さずに**利用できる場**
❺ 認知症の人と家族の思いや希望が**社会に発信される場**
❻ 一般住民が認知症の人やその家族と**出会う場**
❼ 一般の地域住民が認知症のことや認知症ケアについて**知る場**
❽ 専門職が本人や家族と出会い、本人家族の別の側面を**発見する場**
❾ 運営スタッフにとって、必要とされていること、やりがいを**感じる場**
❿ 地域住民にとって「自分が認知症になったとき」に安心して利用できる場を知り、**相互扶助の輪を形成できる場**

「認知症カフェのあり方と運営に関する調査研究事業報告書」（認知症の人と家族の会）より改変

Q96 昼夜逆転して夜中に起きてくるので困ってしまいます。

A デイサービスを利用して日中に運動すれば、夜に眠れるようになる。

認知症になると、脳の機能低下で睡眠が浅くなったり、日中の活動量の低下で夜になっても疲れず眠りにくくなったりして昼夜逆転が起こりやすくなります。

対策としては、まず**日常生活のリズムを正す**ことが大切。朝は決まった時間にカーテンを開け、部屋に日光を取り入れて体内時計をリセットします。そして、日中は、散歩をしたり、いっしょに買い物に出かけたりして活動量を増やしましょう。デイサービスを積極的に利用して、体を動かす習慣をつけるのもおすすめ。また、昼寝のしすぎにも注意してください。

そして、**夜は決まった時間に床につく**よう促します。寝る1～2時間前に入浴や足湯をして体を温めておくと、床に就くころに深部体温が下がりはじめて眠りに入りやすくなるでしょう。そのさい、部屋の温度や明るさは適切か、テレビなど周囲の音がうるさくないかなどに気を配り、リラックスできる環境に整えましょう。

こうした生活リズムの改善を試みても効果がない場合は、ショートステイを活用して介護者の疲労回復を図りましょう。また、昼夜問わず徘徊（はいかい）したり大声を出したりするようになったら、施設への入居も検討したほうがいいかもしれません。

昼夜逆転への対応

- □朝、決まった時間に**日光**を浴びる
- □散歩をするなど**日中の活動量**を増やす
- □デイサービスなどを活用して**体を動かす**
- □**昼寝**をしすぎない
- □夜、決まった時間に**床に就く**
- □寝る１～２時間前に**入浴する**
- □寝る前に**トイレ**に行く
- □安らげる**睡眠環境**に整える
- □**睡眠日記**（記録）をつけて原因を探る
- □医師や薬剤師に**相談する**

Q97 着替えにひどく時間がかかるので最近は私がやってあげていますが、問題ないですよね？

A できる動作を行う機会を奪う「過剰介護」になると衰えを早めるので極力控えよう。

認知症になると、着替えや食事などの日常動作にまごつくことが多くなります。また、足腰の筋力が低下すると、起き上がったり立ち上がったりといった動作もゆっくりになっていきます。介護者はもどかしい思いをして、つい手を貸してしまいたくなることもあるでしょう。

もちろん、苦手な動作をサポートすることは必要ですが、ご本人がまだできる動作まで手伝ってしまうのは極力控えてください。**介護では、その人に残された能力をできるだけ維持することが大切です。**できる動作にまであれこれと手を貸してしまうと、ご本人は自分で自分のことをやろうとする意欲が低下して、その人に残された能力が低下してしまいます。ご質問のように着替えを手伝うようになると、ご本人は徐々に自分で着替えができなくなるのです。

このように、できる動作を行う機会を奪う介護を**「過剰介護」**といいます。**過剰介護は、虐待の一つの形として考えられているほどです。**

過剰介護をしがちなのは、時間がなかったり、介護を効率的に進めたがったりするときです。「やってあげたほうが早い」という発想になると、つい過剰介護になってしまいます。また、ケアする側が完璧を求めているときも要注意です。食事をこぼす、ボタンをかけ違える、といった失敗を許せないと、つい「やってあげよう」と過剰介護になってしまいます。

介護をする人の中には、時間の余裕がないという人もいると思います。しかし、自分でできることは自分で行えるようにして、サポートは必要最小限にする考え方が介護の基本です。

過剰介護はよかれと思って行う人が大半なので、自分では気づきにくいものです。家族や介護スタッフなど多くの人に介護にかかわってもらうと、防ぐことにつながります。

Q98 夫が認知症で要介護認定を受けましたが、私も80代なので買い物が大変です。らくになる方法はありますか？

A 買い物代行や配食サービスを利用する。

高齢者の生活をサポートするサービスの一つである**「買い物代行」**を利用しましょう。例えば、介護保険の**生活援助サービス**の中にもヘルパーによる買い物代行があり、利用者の生活必需品である食品や飲料品、日用品の買い物と、利用者の薬の受け取りに対応しています。

一方、**民間が行っている買い物代行サービス**は費用が全額自己負担になりますが、生活必需品だけでなく、酒やたばこといった嗜好品や贈答用のお菓子などの購入も頼むことができます。これらのほか、家族に頼むなどしてネットスーパーの宅配を注文してもらうという方法もおすすめです。

また、あらかじめ調理されたお弁当を自宅に届けてくれる**「配食サービス」**を利用すれば、食料品を買いに行く機会を減らすことができます。お弁当は、レンジで温めるだけでいいので調理の手間が省け、栄養のバランスを考えて作られているので低栄養対策にもなります。おかゆ食、ミキサー食、ムース食など、利用者の咀嚼力に応じた調理や、糖尿病・高血圧・腎臓病などの持病を考慮した療養食にも対応しているのでとても便利です。

最近は、65歳以上の高齢者が65歳以上の高齢者を介護する「老老介護」が増加しており、2019年の厚生労働省の調査では、在宅介護を行う家庭の59・7％を占めていることがわかりました。

高齢者が介護に携わるのは、体力的にも精神的にも大きな負担となります。80代以上という年齢で、1人ですべての介護を担うのは無理があるといえます。**共倒れという最悪の事態をさけるためにも、介護保険サービスを最大限に利用するべきです。**訪問介護では、食事や入浴、排せつなどの身体介助や、調理や掃除などの家事支援を行う生活援助、通院時の支援といったサービスを受けることができます。また、施設を利用したショートステイなどのサービスも積極的に活用しましょう。

Q99 家庭での介護が限界なので、施設への入居を考えていますが、遠方に住む弟が反対しています。

A 家族間で介護の意見が異なる場合は、専門医を交えて相談するといい。

親の介護について、家族間で意見が食い違うことはよくあることです。特に、施設に入れるかどうかの選択に迫られたときに、生活をともにしていない親族から「施設に入れるのはかわいそう」「まだ家で看（み）られるのではないか」などと反対されるケースは少なくありません。

そうならないためには、**早い段階から家族間で情報を共有しておくことが大切**です。例えば、兄弟姉妹だけでなく、その配偶者や孫を含めたＬＩＮＥグループ（ＬＩＮＥというコミュニケーションアプリの機能の一つ。複数の人とメッセージを同時にやり取りできる）で、親のようすを包み隠さず公開しておけば、介護の現状や問題・課題が伝わりやすくなると思います。

また、家族間で意見が割れてまとまらないときには、第三者を交えた話し合いの場を設けましょう。第三者を入れることで、お互いが感情的にならず冷静な話し合いができるようになります。特に、**第三者に主治医を招いて医学的見地から親の状況を説明してもらったり、ケアマネジャーを招いて入所にいたるさまざまな事例を紹介してもらったりすれば、家族の納得を得られやすいでしょう。**また、施設に入る本人を蚊帳の外に置かず、意思を尊重することも大切です。

認知症の親を介護する立場にある人の多くは、「できるだけ自宅でめんどうをみてあげたい」と思っています。とはいえ、認知症は進行性の病気なので、いつかはプロの手に委ねなければならない日がきます。そのときになってからもめたり慌てたりしないように、以下のことをよく確認しておきましょう。

- **情報をできるだけ早くから共有しておく**
- **家族の考えをよく聞き、知るための努力をする**
- **自分の思いや意見をはっきりと伝える**
- **第三者を交えて直接話をする機会を設ける**
- **認知症当事者の意思を尊重する**

Q100 ほかの病気が重くなってきたのですが、徘徊を理由に入院を断られました。

A 地域の「認知症疾患医療センター」に指定されている病院に相談する。

持病の悪化などで入院治療を受けたいのに、認知症の症状が原因で入院を断られてしまうということがよくあります。一般の病院では、認知症の症状が重く、大声を出して暴れたり、暴力を振るったり、徘徊(はいかい)したりするような症状がある場合には、入院を断られる可能性が高いでしょう。また、すでに入院している人でも、認知症の症状が重くなれば、退院を促されることがあります。

このように**認知症の症状が重い場合でも、認知症治療病棟や精神科などがあり、認知症に対応した病院であれば入院できる可能性があります。**こうした病院がどこにあるのかわからなければ、各市区町村の「地域包括支援センター」に問い合わせて、**「認知症疾患(しっかん)医療センター」**を設置している病院を教えてもらうといいでしょう。

認知症疾患医療センターは、認知症を専門に治療する医療機関で、いわばその地域の認知症対策の拠点ともいうべき存在です。認知症の人やその家族が、住み慣れた地域で安心して生活するためのサポート機関としての役割もあり、全国499ヵ所に設置されています（2022年10月現在）。

認知症疾患医療センターには、専門医のほか、臨床心理技術者や精神保健福祉士、保健師、看護師などが配置されており、徘徊や抑うつ、幻覚といった認知症の行動・心理症状（BPSD）への対応に加え、**ほかの病気との合併症がある場合の入院治療も行っています。**さらに、もの忘れ相談から認知症の鑑別診断、医療機関の紹介、介護保険申請の相談まで、認知症にかんするサポートを包括的に提供してくれる機関でもあります。

すでに入院していて、認知症の症状の悪化を理由に転院や退院を促された場合には、**病院の医療相談室や地域包括支援センターに相談**するといいでしょう。転院や退院後の生活、在宅介護サービスなどについてのアドバイスを受けることができます。

Q101 暴言がひどくトイレの失敗も増え、ストレスがたまり、手が出そうになります。在宅での介護は限界でしょうか?

A 介護虐待にいたる前に、施設への入居を検討するなど対策を考える。

認知症の症状が進行して暴言・暴力や被害妄想、徘徊(はいかい)(1人歩き)などの行動・心理症状(BPSD)が見られると、介護者は気が休まらずストレスをためるようになります。**特に、便をいじったり壁やドアノブになすりつけたりする弄便(ろうべん)や、暴言・暴力の症状があると、介護者の精神的・身体的な負担は非常に大きく、在宅介護が限界を迎えていると考えていいでしょう。**

介護疲れでストレスがたまると、ささいなことにもイライラしてきつい態度で接するようになります。そうしたイライラが伝わると、介護される側にも不安や不満が募り介護はますます困難になります。これは、両者にとってよくない状況です。思わず手が出てしまい、「介護虐待」に発展してしまう恐れもあります。178ﾍﾟｰｼﾞに介護疲れ・イライラのチェック表を掲載したのでチェックしてみてください。思い当たることが一つでもあれば、介護疲れがたまっているサインです。1人で抱え込まず医師やケアマネジャーに相談しましょう。

それ以外にも、**徘徊が頻繁にあって常に目が離せなかったり、昼夜逆転が改善せず夜中に起きてきたりと、昼夜を問わずサポートが必要な場合も、介護者の負担が大きく、施設入所を検討するタイミングといえます。**厚生労働省の調査でも、要介護3以上になると、1日の介護時間が「半日程度」「ほぼ終日」の人が過半数以上を占めることが報告されています。

在宅介護の限界を感じるタイミング

- ◉便をいじったり、壁やドアノブになすりつけたりする**弄便**の症状がある。
- ◉**暴言・暴力**がある。
- ◉**介護する側のストレス**がたまり、思わず手が出そうになる。
- ◉**徘徊**や**火の不始末**、**昼夜逆転**があり、昼夜を問わずサポートが必要で目が離せない。
- ◉1日のうち**半日以上が介護**に費やされている。
- ◉子供や本人になんらかの**大きなライフイベント**があり、十分な介護が難しくなった。

介護疲れ・イライラ度チェック

❶	□	話すときに、つい語気が荒くなってしまう
❷	□	つい大きな声で怒鳴ったり当たり散らしたりする
❸	□	「○○をして！」と命令口調で接している
❹	□	介護をするとき、つい大きなため息が出てしまう
❺	□	すぐに否定的な言葉を投げかけてしまう
❻	□	本人に聞こえるように舌打ちをする
❼	□	本人が見ているところで物にあたったり乱暴に扱ったりする
❽	□	呼ばれても無視して相手にしないことがある
❾	□	テレビやスマートフォンを見ながら適当に対応する
❿	□	本人が失敗したときに、あからさまにがっかりした表情を見せる
⓫	□	本人ができることなのに代わりに全部やってしまう
⓬	□	「もういいから」と本人がやっていることを取り上げる
⓭	□	「ちょっと待って」を連発して、長時間待たせることが多い
⓮	□	排せつ介助のときに「くさい」「汚い」などといってしまう
⓯	□	失禁したことを責めたり、人前でそのことを話したりする
⓰	□	なかなか食べないので食べ物を無理やり口に入れてしまう

また、**同居している子供の受験や結婚のような大きなライフイベントと介護が重なると、介護に割く精神的な余裕がなくなってしまいます。**そうしたときも、親の介護より子供や自分の都合を優先して、必要であれば施設入所を考えたほうがいいでしょう。

施設入所については、主治医やケアマネジャーに相談してください。本人の症状や状況をよく知る立場から、適切な助言をしてくれます。施設入所は、介護者だけでなく、ご本人にとってもプラスになることが多いのです。介護者は心身の負担が減り、介護される側も専門のスタッフに介護してもらうことで症状が改善するケースが多く見られます。

なお、在宅介護の限界を迎えてから施設探しを始めても、すぐに入居できるとはかぎりません。余裕がある段階から、目星をつけておくことが大切です。

第8章

離れて暮らす認知症の親の介護はどうする?

場面別 Q&A

Q102 〜 107

同居がいいとはかぎらない！遠方に住む母が認知症でも1人暮らしはできる！

せっかく呼び寄せたのに認知症が急激に進んでしまい……
こんなはずじゃ……
となってしまう可能性もあります
住み慣れた家で昔からの人づきあいの中で暮らしたほうがいいのかもしれません
コンチハー

でも母は家事も満足にできなくて
1人暮らしだと料理や掃除の家事支援が介護保険サービスで使えますよ
地域の見守りサービスもたくさんあります
へえ

できるだけ以前と同じお母さまらしい生活ができる環境を整えるのが大切ですよ
もちろん息子さんといっしょに暮らすほうが安心ということもありますからお母さまの気持ちもよく聞いてみましょう
そうですねもう少し調べて家族とも相談してみます!

Q102 遠方に住む1人暮らしの親が認知症になり、在宅介護を希望しています。介護のために仕事を辞めるべきですか？

A 介護離職をすると収入が減り再就職が難しくなる。仕事と介護の両立をめざそう。

離れて暮らす親の近隣に介護の担い手がいないと、親を自宅に呼び寄せるか、自分が実家に戻るかについて考える人も多いと思います。介護と仕事の両立が難しい場合、子供が仕事を辞めて介護に専念する「**介護離職**」を選択する人もいますが、これは極力さけてください。

厚生労働省の調査で、介護離職をすると、収入が減って経済面での負担が増えるだけでなく、精神面でも肉体面でも負担が増すとの結果があります。

仮に介護費用を親の資産や年金でまかなえたとしても、収入が途絶えると、ふだんの生活費や住宅ローン、子供の学費などで預貯金が減っていき、介護が終わったあとの自分の老後資金が危うくなることがあります。介護が終わってからの再就職は難しく、50代では働きたくても働けない人が3割超いるといわれています。

現在、国も「**介護離職ゼロ**」を掲げて取り組みを進めていて、働きながら介護をする人のための制度がたくさんあります。**仕事を辞めずに介護と仕事を両立させる方法を探ってほしいと思います。**

介護離職では負担が増える

経済的な負担
35.9%
39%
19.6%
1.2%
0.7%
3.5%

肉体的な負担
22.3%
34.3%
18.1%
14%
8.1%
3.1%

精神的な負担
31.6%
33.3%
12.3%
12.3%
7.3%
3.2%

非常に負担が増した
負担が増した
変わらない
負担が減った
かなり負担が減った
わからない

グラフの出典：「平成24年度 仕事と介護の両立に関する実態把握のための研究事業報告書」（厚生労働省）をもとに作成。

Q 103 仕事と介護を両立させるには、具体的にはどんな方法がありますか？

A **会社員なら介護休暇や労働時間の短縮などの制度がある。まずは会社の上司に要相談。**

離れて暮らす親が認知症になった場合、親が遠方で1人暮らしのまま子供が介護にかかわるケースがあります。介護と仕事を両立させるには、**さまざまな制度を上手に利用することが大切です。**要介護2までなら、1人で生活できなくもありません。

そのためには、まず、地域包括支援センターや介護事業所とよく相談し、できるだけ訪問介護や訪問看護などの介護保険サービスを利用しましょう。親と同居していると利用できないのですが、**親が1人暮らしであれば掃除や食事などの家事支援が介護保険で利用できます。**また、介護保険サービスのほかにも、民間の生活支援サービスや施設を利用したり、地域の民生委員に見守りをしてもらったりなど、さまざまな方法があります。地域にある支援サービスを調べておきましょう。

1人暮らしで心配なのが、火の不始末です。1人で料理をするなどして火の不始末が心配な場合は、ＩＨ調理器具など火を使わないものに交換しておきましょう。

さらに、日常の金銭管理が難しいようなら、地域の社会福祉協議会が行っている「日常生活自立支援事業」や「成年後見制度」「家族信託」を利用するのも有効です。

このほか、**介護はできるだけ多くの人に協力してもらうことも肝心です。**親の近くに住んでいる親族や親の友達などに、週に1日ようすを見てもらうくらいなら協力してもらえるかもしれません。

仕事のない平日は以上のような方法で見守りをしてもらい、子供は週末などの休日に介護を担当します。

病状が進行すれば、いずれは在宅介護の限界を迎え、施設への入居を検討しなければならない時期が訪れます。そのときに備え、入居する施設の目星をつけて準備しておくことは必要でしょう。ちなみに、親が1人暮らしだと、費用が安価な特別養護老人ホームに優先的に入れるという利点があります。

会社員にとって遠くに住む親を介護するときに役立つ制度が、**介護休業**と**介護休暇**です。

介護休業は、配偶者や親、子供など家族が1人につき通算93日まで3回を上限に分割して取得することができます。月給の約3分の2の給付金を得られるので、経済面での負担も比較的少ないといえます。例えば、地域包括支援センターでケアマネジャーと打ち合わせをして介護の体制を整えたり、在宅介護が限界になって入居施設を探したりと、まとまった休みが必要なときに利用するといいでしょう。

介護休暇は、親の急な病気のときなど単発的に休むための制度です。対象家族が1人の場合は1年間に5日、2人の場合は10日まで取得でき、令和3年からは時間単位での取得も可能になりました。

ただし、介護休暇は無給の場合があるので、その点は留意しましょう。

そのほか、勤務時間を短縮する制度や転勤に対する配慮など、仕事と介護を両立する制度はいくつかあります。ふだんから上司に親の状態を伝え、上手に使うようにしましょう。

労働者のための介護支援制度

介護休業	介護休暇
●介護のためにまとまった休暇が必要なときに使う。 ●対象家族**1人につき93日**まで取得可能。 ※3回まで分割取得もできる。 ●給料の**3分の2の休業給付金**がもらえる。	●家族の急病など**突発的・単発的**な介護や世話のために使う。 ●対象家族**1人につき5日、2人以上なら10日**取得可能。 ※半日の取得もできる。 ●給料の有無は会社による。

※対象の家族は、介護休業・介護休暇いずれも配偶者、父母、子、配偶者の父母、祖父母、兄弟姉妹、孫。

そのほか、育児・介護休業法では、**労働時間の短縮措置**（短時間労働制やフレックスタイム制度など）や、**時間外労働・深夜業の制限**、**転勤に対する配慮**などもある。

離れて暮らす親の介護と仕事を両立させよう

離れて暮らす親の介護と仕事を両立させる方法

- □ **訪問看護**や**訪問介護**、**デイサービス**などの介護保険サービスを積極的に利用する。
  ※親が１人暮らしであれば、料理やゴミ出しなどの家事支援も介護保険内で利用できる。
- □ **地域独自の支援サービス**を調べ、活用する。
- □ **会社の介護支援制度**を活用する。
- □ できるだけ多くの人に**見守りなどで協力**してもらう。
- □ 本人の財産の管理のために、社会福祉協議会の**日常生活自立支援事業**や、**成年後見制度**、**家族信託**などを利用する。
- □ 火の不始末などが心配であれば、火を使わない**ＩＨの家電**などに替えておく。
- □ 元気なうちから**将来、入居する施設**の目星をつけておく。

離れて暮らす親が１人暮らしするときの１週間のスケジュールの例

	月	火	水	木	金	土	日
7:00	※80代・女性、要介護１。長男が主な介護者の場合						
8:00							
9:00	デイサービス入浴	訪問介護（掃除・ゴミ出し）	デイサービス入浴		訪問介護（掃除・ゴミ出し）		朝食の支度
10:00						訪問介護（介護入浴）	散歩
11:00		配食サービス		配食サービス	配食サービス	配食サービス	
12:00							昼食の支度
13:00							
14:00							
15:00							
16:00							おやつ
17:00							散歩
18:00	長男が安否確認の電話						日曜は長男が介護を担当
19:00							
20:00							

月～土は積極的に介護保険サービスや生活支援サービスを利用。
日曜のみ長男が帰省して介護を担当する。

Q104 遠距離に住む親のようすを見守る方法はありますか？

A 訪問やセンサーなど遠距離介護のための見守りサービスがある。

離れて暮らす親の安否や生活状況を確認するには、介護ヘルパーや近隣の親戚（しんせき）などに見守りをお願いする方法がありますが、最近はさまざまなメーカーが、見守り機能のついた家電や機器を使った次のようなサービスを提供しています。

●無線通信機を内蔵した電気ポット

親がポットを使う状況が1日2回、登録したメールで届くことで安否確認ができる。

●見守りカメラ

リビングなどに設置し、親の生活状況を撮影できるカメラ。映像はスマートフォン（スマホ）やパソコンを使って、自分の好きな場所でいつでもくり返し確認できる。

●見守り電球

トイレやリビング、浴室などの電球と交換するだけで、点灯・消灯の情報をネットで確認できる。親の異常を検知するとスタッフが訪問してくれるプランもある。

●人感センサー

在宅中の親の動きをセンサーがキャッチし、長時間動かないと安否をメールで知らせてくれる。

●緊急通報サービス

家電などを使った見守りサービス

インターネットを利用して、家電やカメラから離れて暮らす親の生活状況をスマートフォンやタブレット、パソコンなどで、メールや映像で確認できる。

緊急時に通報ボタンを押すと、警備員が駆けつけてくれるサービス。ペンダント型などボタンを身に着けるタイプもある。おひとりさまにもおすすめ。

生活の状況に合わせ、以上のような見守りサービスを利用するといいでしょう。実際に利用している人の意見を参考にするのも大切です。

上手に利用すれば、子供が帰省する回数を減らすことにもつながります。

見守りサービスを利用するには、親の家にインターネット回線があることが前提になります。最近はほとんどの家庭に普及していますが、高齢者の場合、引いていない可能性もあるので確認しましょう。

Q105 週末に帰省するだけでも、かなりのお金がかかります。負担を軽くする方法はありますか？

A 高額医療制度で一部還付されるほか、遠距離介護のサービスをしている旅行会社もある。

親が遠方に住んでいると、週末の帰省のたびにかかる交通費が大きな負担になります。そこで、一部の交通機関が行っている割引制度を利用すると、交通費を節約できます。

飛行機なら、多くの航空会社で「介護割引」があります。航空会社の介護割引は事前に登録が必要で、親の介護保険証や介護認定結果通知書、親子関係がわかる戸籍謄本・抄本、介護者の住所が確認できる公的書類を提出します。1年ごとの更新が必要で、約35％の割引が受けられます。

介護割引以外でも、早期に予約できる場合に早割を使ったり、ＬＣＣ（格安航空会社）を利用したりすることで、交通費を抑えられることもあるでしょう。

また、電車の場合は介護割引という名称のサービスはないものの、インターネットサイトで割引チケットが販売されています。運賃のほか、新幹線代、特急券代の割引もあるので、検索してみてください。

高速バスは運賃が安いものの、長距離バスに乗ると疲労が残りやすいので、働きながら介護する人は利用に注意したほうがいいでしょう。

Q106 週末のみ帰省し、平日は介護サービスを利用しています。週末介護の注意点はありますか？

A 週末に介護、平日に仕事では休みがなくなりがち。定期的に休みを取るように心がける。

週末介護で注意してほしいのは、**平日は普通に働きつつ週末を介護にあてるため、あなた自身が休む日がなくなってしまうことです。**知らず知らずのうちに疲労とストレスがたまり、ある日突然、体調をくずしてしまうこともあります。

そのため、**意識して休日をしっかり確保することが大切です。**平日に意識して有給休暇を使って休息を取るのもいい方法です。ときどきは週末にショートステイを使って親の介護を施設に任せたり、ほかの親類にお願いしたりすることも必要です。

Q107 仕事が忙しく介護を人任せにしている状態で罪悪感が募ります。自分にできることはありますか？

A 1日1回、決まった時間に電話をかけるだけでも、進行予防に役立つ。

地域の介護スタッフや親類などに親の介護を任せっきりになっていると、「いっしょにいてあげられない」「人任せにしている」と罪悪感が生まれやすいものです。

とはいえ、**親の介護は大切ですが、自分の生活を維持するのも同じくらい大切です。**親の介護はいつか終わりを迎えますが、ご自身の人生は続いていきます。自分の生活を優先することは、悪いことではありません。

直接介護はできなくても、やれることはたくさんあります。手軽なのは、親と電話で連絡を取ること。**決まった時間に電話をかけて声を聞かせると、親の安心につながり認知症の進行予防に役立ちます。**声のトーンで体調や状況がわかり、服薬の確認もできます。最近は、パソコンやスマートフォンなどで顔を見ながら通話ができるサービスもあるので、利用するのもいいでしょう。

第9章

介護施設の選び方や施設介護の悩みに答える

場面別Q&A

Q108～116

施設選びは慌てずに！設備の充実より本人の生活に合う施設選びが大切

そろそろ母さんをホームに入れるしかない
兄さん新しくできたここは？
永野達也さん(58歳)
千絵さん(55歳)
設備は充実スタッフも多い費用は高いけどよさそうだ！
高級介護つき有料老人ホーム
こうして母を老人ホームに入れたのですが…
ガチャ
ご用はありませんか？
いいえ…
30分後
ガチャ
お困りありませんか？
はー
いいえ
施設の方針でたびたびスタッフが回ってくるのです
もともと静かに過ごすのが好きな母は落ち着けず……

ここはいや
2週間後に退去することに……
環境が大きく変わるとストレスになってしまいますからね
急いで決めるべきではなかったです
お試し入居をしたり職員の方から話を聞いたり何件か候補を比べて決めたほうがいいですよ
食事が口に合うかも重要です
1ヵ月後
いいところが見つかりました
古民家を改修して落ち着いた雰囲気の施設でレクリエーションも母が好きな手芸をやるそうなんです
母も楽しそうで家にいるときより元気になりました
よかったですね

108 施設には「サ高住」「特養」「グループホーム」など種類があるようですが、どのように選ぶといいのですか？

A 要介護度や施設介護の悩みに応じて、本人に適したタイプの施設を選ぼう。

高齢者施設にはさまざまな種類があり、地方自治体や社会福祉法人が運営する「公的施設」と民間企業が運営する「民間施設」に大別できます。代表的なものは下の表をご参照ください。

認知症の人が入居できるのは、公的施設では「特別養護老人ホーム」、民間施設では「介護付き有料老人ホーム」「認知症対応型グループホーム」「サービス付き高齢者向け住宅」の4種です。

それぞれの特徴を紹介していきましょう。

●特別養護老人ホーム（以下、特養）

24時間体制で介護サービスが受けられ、トイレや入浴、着替え、食事など日常生活に介助が必要な人が入居する施設で、**原則、要介護3～5の人**（特例の場合は要介護1～2）**が対象となります。**社会福祉法人などが運営し助成金が出るため、入居費用が月額8万～12万円と

公的な入居型介護施設

施設の種類	特徴
特別養護老人ホーム（特養）	寝たきり、認知症などで日常生活の介助が必要な65歳以上の人（原則、要介護３以上）が対象。月額費用は安く、終身利用が可能。入居希望者が非常に多いため、待機期間が数年に及ぶこともある。
養護老人ホーム	収入が少なく、生活環境に問題がある65歳以上で介護の不要な人が対象。社会復帰の支援を目的としているため、要介護になったら退居しなければならない。
介護老人保健施設（老健）	病院の退院後などに在宅復帰をめざす65歳以上の人（要介護１以上）が対象。医療ケアを受けながらリハビリを行い、３ヵ月おきに在宅復帰判定を受ける。
ケアハウス	身寄りがない人のための施設。介護が不要な60歳以上の人を対象とした自立型と、要介護１以上の人を対象とした介護型がある。

比較的安価なのが特徴です。

●**認知症対応型グループホーム（以下、グループホーム）**

正式には「認知症対応型共同生活介護施設」と呼ばれており、認知症の人が5～9人ほどの少人数で専門スタッフの支援を受けながら共同生活を送り、自立した生活をめざします。**要支援2以上の人が対象です。**家庭的な雰囲気で、集団生活が苦にならない人に向いています。

●**介護付き有料老人ホーム（有料）**

都道府県の認可を受けていて、24時間体制で手厚い介護が受けられます。民間の経営なのでサービス内容や設備の充実度が施設によってさまざまです。比較的、すぐに入居でき、**要介護5であっても入居できます。**ただし、入居一時金や月額費用が高額で、入居費用は月額15万円以上が相場になります。

●**サービス付き高齢者向け住宅（以下、サ高住）**

バリアフリーの賃貸住宅で、常駐する職員が安否確認と生活支援を行います。**介護認定されていない元気なうちから入居できる施設**で、一般型と介護型の2タイプがあります。

民間の入居型介護施設

施設の種類	特徴
介護付き有料老人ホーム	寝たきり、認知症などで介護の必要な60歳以上（施設によって異なる）の人が対象。24時間体制の手厚い介護を受けられる。入居一時金、月額費用は割高。
住宅型有料老人ホーム	介護がさほど必要のない60歳以上（施設によって異なる）の人が対象。要介護度が高くなると退居しなければならないことがある。入居一時金、月額費用は割高。
健康型有料老人ホーム	介護の必要のない60歳以上（施設によって異なる）の人が対象。認知症の人は不可。要介護になったら退居しなければならない。入居一時金、月額費用は割高。
サービス付き高齢者向け住宅（サ高住）	見守りや生活支援を受けられるバリアフリー型賃貸住宅。60歳以上の人が対象。介護を受けられる場合もある（要介護3以下）。月額費用は有料老人ホームよりも割安。
グループホーム	認知症で要支援2以上、65歳以上の人が対象。5～9人のユニット（グループ）で役割分担しながら生活する。月額費用は有料老人ホームよりも割安。

以上の中から、要介護度や費用、サービスの内容などを踏まえてどのタイプの施設を利用するかを決めるのが一般的です。**軽度～中等度（要支援1～要介護2）なら、グループホームかサ高住が選択肢になります。重度（要介護3以上）の場合は、特養か介護付き有料老人ホームが候補になります。**

施設介護では、入居一時金や月額利用料のほか、食費、医療費などの費用もかかります。施設に入居する期間は平均で5年といわれていますが、中には年単位で延びることもあるため、無理なく支払っていける施設を選ぶ必要があります。

費用を安価に抑えるなら特養が第一選択になりますが、入居希望者がとても多く、待機期間が数年に及ぶこともあり、すぐに入居するのは難しいのが実情です。サ高住とグループホームは、初期費用が比較的安く、入居しやすいのが特徴です。ただし、サ高住は入居後の費用が20万円前後かかります（介護が必要な場合）。

介護付き有料老人ホームは入居一時金が数百万、月額15万円以上と高額です。有料老人ホーム内で受けられるサービスは、介護保険が使えます。

認知症の人が入居できる施設の比較

	特別養護老人ホーム	認知症対応型グループホーム	サービス付き高齢者向け住宅	介護付き有料老人ホーム
入居対象者	原則、要介護３以上の人	認知症のある要支援２以上の人	自立、要支援、要介護の人	要支援、要介護の人
月額費用の相場	５万～15万円	15万～20万円	10万～30万円	15万～30万円
一時入居金	なし	０～数十万円	０～数十万円	０～数百万円
入居までの期間	数ヵ月から数年待機する施設が多い	待機する施設が多い	すぐに入居できることが多い	すぐに入居できることが多い
個室	相部屋が多い	個室	個室	個室
備考	必要度が高い高齢者ほど入居の優先度が高い	地域密着型の施設が多く、その地域の住民が対象となる	一般型と介護型の２タイプがある	迷惑行為があった場合は退去しなければならないことがある

Q109 中にはあまりよくない施設もあると聞きます。本人に合った施設を探すには、どうすればいいですか？

A 少なくとも3件は見学し、介護方針や食事などを比較して決めるといい。

介護施設は数多くありますが、残念ながら施設によっては教育が行き届いておらず、認知症の理解が十分でないスタッフが多い施設も少なくありません。特に、認知症の人の場合、スタッフが徘徊（はいかい）や妄想などの行動・心理症状（ＢＰＳＤ）に対応できるかどうか、ケアの質が問われます。

民間施設では、外装がきれいだったり、設備が充実したりしている施設もありますが、そうした施設が必ずしもいいとはかぎりません。入居する施設が家族の終（つい）の棲家（すみか）になる可能性も高いので、焦ったり妥協したりせず、納得して入居できる施設を探してください。

方針としては、**ご本人の希望も踏まえ、これまでと極力変わらない環境で生活できる施設を選ぶことがおすすめです。本人が好きなレクリエーションができたり、長く住んでいた家と立地が近かったり、頻繁に家族が出入りできたりして、ご本人になじみのある環境をできるだけ残すことが安心につながります。**施設の候補をピックアップしたら、ご本人もいっしょに3施設は見学し、比較して決めることをおすすめします。契約の前には体験入居（お試し入居）もするようにしてください。

なお、見学では、次のような点を確認して判断材料にするといいでしょう。

●施設の介護方針

見学のときに、スタッフや責任者の方にどのような介護方針であるかを聞いてみてください。しっかりと答えられる施設は、運営方針が明確で、教育が行き届いている可能性が高いといえます。また、入居に当たって、どのような介護・医療サービスが受けられるか、不安や希望があったら質問しましょう。親身に答えてくれるかどうかが、親を任せられるか否かの判断材料になります。

●スタッフの雰囲気

スタッフがいきいきと仕事をしているか、身だしなみがしっかりしているかなども施設の質を見分ける要素です。また、スタッフが相手の話をしっかりと聞く「傾聴」の姿勢があるかも大切です。傾聴は、ケアの中でも基本であり重要だからです。

●食事

入居する家族が長く生活する場所なので、食事が口に合うことはとても重要です。食事介助のようすや、メニューは豊富かも見るといいでしょう。ランチタイムなどに見学すると、そうしたようすが確認できます。

●レクリエーション

施設によって、カラオケなどの音楽や体操、パズルゲームなどのレクリエーションがあります。入居する本人が楽しめるものがあるかも判断材料になります。

●立地条件

ご本人が慣れ親しんだ場所が望ましいといえますが、家族が通いやすいかどうかも重要です。

●看取りに対応しているか

自宅や老人ホームなどで最期を迎えることを看取りといいますが、すべての老人ホームが看取りに対応しているわけではありません。見学のさいに、終末期医療や看取り介護を行っているかを確認しましょう。

「終身利用可能」をうたっている施設でも、行動・心理症状（ＢＰＳＤ）のために著しい迷惑行為があったり、長期間の入院が必要となったりした場合、退去を求められることがあります。入居を検討するときには退去要件についてもチェックが必要です。

施設選びは、親がまだ元気なうちから、本人の希望も踏まえて想定しておくのが理想です。地域包括支援センターやケアマネジャー、市区町村の福祉課などにも相談するといいでしょう。

施設選びのチェックポイント

- □ 施設の**介護方針**が明確で、納得できるものか。
- □ スタッフが**いきいきと仕事**をしているか。
- □ スタッフの**身だしなみは清潔**か。
- □ スタッフに**傾聴の姿勢**があるか。
- □ **食事のメニュー**が豊富で、口に合うか。
- □ 入居者が望む**レクリエーション**があるか。
- □ 家族が**通いやすい立地**にあるか。
- □ 本人が**慣れ親しんだ立地**にあるか。
- □ **看取り**に対応しているか。
- □ **退去要件**はどのような場合か。

Q110 特養が安価なので親を入居させたいのですが、申し込んでもいっぱいのようです。いい方法はありますか?

A 申し込みのときに入居の必要性をしっかりと伝えよう。

特別養護老人ホーム（以下、特養）は、費用が安価で質の高い介護を受けられるため、どこの地域でも人気で、都市部では入居までに2～3年待つことも珍しくありません。現在、やや減少傾向にはあるものの、厚生労働省の調査によると、特養の待機者は2019年4月時点で約29万2000人と報告されています。そのため、在宅介護が困難になったタイミングで申し込んでも、すぐに入居できる可能性は低いのが実情です。**すでに要介護3以上で在宅介護が難しい場合は、一時的に介護付き有料老人ホームやサービス付き高齢者向け住宅に入居し、空きが出るのを待つ必要があります。**

特養は公的な施設なので、社会福祉の観点から、申し込み順ではなく要介護度や介護者の家族の状況を踏まえ、緊急性の高い人から優先的に入居できるしくみになっています。例えば、1人暮らしだったり、低所得だったりする人は、そうした状況が加味されて優先度が上がります。

そのため、**特養に早く入居したいときは、申し込むときに施設側に入居の必要性を強く感じてもらうことが大切です。**申し込みの「入居の理由」の欄に、家族の生活状況などをしっかりと書き、「早く入居したい」旨を伝えるようにしましょう。また、待機中に要介護3から4と要介護度が重くなったり家族の状況が変わったりしたら、その都度、申込書を提出して、現在の状況を伝えるようにしてください。

特養は、何カ所に申し込んでもかまわないので、数カ所、同時に申し込んでおくといいでしょう。

また、候補になっている特養がデイサービスやショートステイを行っていたら、在宅介護をしているときから利用するのもおすすめです。施設側が希望者のことを知っていると、入居時の対応がスムーズになる可能性があります。

Q111 自宅での介護は限界ですが、本人は施設への入居を嫌がっています。

A まずは入所の必要性を伝え、納得してもらえないときは施設と相談しよう。

介護施設への入居を嫌がる人は、非常に多く見られます。「最期まで自分の家で、同じように生活を続けたい」と思うのは自然なことですし、昔は「介護は家族がすべき」という考え方が一般的だったので子供に「見捨てられた」と感じてしまう人もいます。「まだそこまで衰えていない」と思っていたり、老人ホームによくないイメージを持っていたりする人もいます。

とはいえ、認知症の症状が進めば、どうしてもご本人の命や安全を守るために施設への入居が望ましくなります。たまに、嫌がる親を無理やり入居させるケースがありますが、これはさけてほしいと思います。無理に施設に入居させると、家族間の信頼関係にヒビが入ってしまい、その心の傷は、ご本人の心に後々まで残ることがあります。

入居を嫌がっているときは、まずは真摯に、愛情を込め、現状の自宅の介護に限界があったり、在宅での生活では危険があったりするため、施設への入居が必要なのだと伝えることが大切です。

また、本人の気が向いたときがあったら、いっしょに見学や体験入居に行ってみてください。施設の雰囲気を見ているうちに、自然と入居を受け入れる心境になることもあります。**候補の施設にショートステイやデイサービスがあれば、在宅介護をしているうちからときどき利用するのもおすすめです。施設のスタッフと顔見知りになると、心理的なハードルが下がって入居を受け入れやすくなる可能性があります。**

どうしても納得してもらえないときは、候補の施設のスタッフに相談してみましょう。入居を渋るケースは少なくないので、これまでの経験から、どのような方法があるかを考えてくれます。このとき、親身になって相談に乗ってもらえれば、施設と関係が良好になって連絡がスムーズになる可能性があります。

Q 112 施設に入居したら直後から症状が悪化したように見えます。やはり入居させるべきではなかったのでしょうか？

A 環境の変化が原因だと思われるが、定期的に面会に行くなどして安心させることが大切。

介護施設への入居を機に、急に認知症の症状が進行したかのように見えることがあります。ご家族にとっては「こんなはずでは」とショックを受けるかもしれませんが、これは、**環境の変化が主な原因と考えられます。**

施設に入居すると、最初のうちは慣れない間取りの部屋で、見慣れないスタッフとともに生活することになります。**ご本人は、認知機能が低下した状態で新しい環境に適応しなければなりません。また、納得して入居した場合でも、記憶障害のせいで、なぜここにいるのかがわからなくなり混乱することもあります。そのため、心身への負担が大きくなり、行動・心理症状（ＢＰＳＤ）が現れやすくなるのです。**

こうした状態は一時的で、環境に慣れてきたら、症状が落ち着くこともあります。

ご家族は、定期的に面会に訪れ、顔を見せて安心させるようにしてください。そのさい、散歩に連れ出したり、昼食をいっしょにとったりするといいでしょう。**施設入所をしたら親と疎遠になるのではなく、新たなかかわり方を考えることが大切です。**

ただし、環境の変化のせいではなく、同じタイミングで、別の理由で症状が悪化する可能性もあります。症状が落ち着かないときは、医師の診察を受けるようにしてください。

施設入所を機に新たなかかわり方を考えよう

施設に入居した親と定期的に面会し、安心させることが大切。散歩に連れ出したり昼食をいっしょに食べたりするといい。

Q113 施設に入居させました。親を見捨てたような気持ちになりつらいです。

A 罪悪感を抱く必要はない。面会に行くなどして、可能な範囲で介護に参加しよう。

施設入所の直後は、ご本人が寂しがったり、介護を人任せにしたような心境になったりして、家族が罪悪感を覚えてしまうことがあります。しかし、罪悪感を覚える必要はありません。**介護は病状や家族の状態など、そのときどきの状況に合わせて対応を変える必要があります。**病状が進めば、いずれ施設入所を検討しなければなりません。**適度な距離を取ることで精神状態がよくなれば、かえってご本人も家族も穏やかに過ごせることもあります。**また、介護施設の介護保険サービスは、社会で高齢者を支えるためのものです。「人任せにした」と感じる必要もありません。家族は定期的に会いに行くなどして、可能な範囲で介護に参加すればいいのです。

Q114 施設に入居後、職員から「しばらく面会にこないように」といわれました。なぜでしょうか？

A 新しい環境に慣れてもらうためだと思われるが、今は面会に行き安心させるほうが一般的。

入居後、家族の面会をしばらく控えるようにお願いする施設があります。これは、ご本人に新しい環境に慣れてもらったり、面会のあとに本人が寂しがって状態が悪化したりすることがあるためだと考えられます。

しかし、こうした考えは今では主流ではありません。むしろ、**ご家族には頻繁に面会にきてもらって「いつでも会える」という安心感を持ってもらったほうが、ご本人の状態が落ち着きやすいと思います。**実際、近年のコロナ禍で施設での面会が厳しく制限され、不安が募り、病状が悪化してしまった例も多いようです。施設の方針もあるかとは思いますが、可能であれば面会に行けるよう施設と相談したほうがいいかもしれません。

Q 115 施設に入る費用が足りない場合、何か費用を捻出する方法はありますか？

A 自宅を担保にして融資が受けられる「リバースモーゲージ」という方法がある。

介護つき有料老人ホームに入居するときに入居一時金や、月額利用料の予算が不足している場合、費用を捻出するためにそれまで住んでいた自宅を売却して費用にあてる方法があります。特に、1人暮らしの人が自宅を空き家のままにしておくと、建物が劣化したり、不法侵入されたり、固定資産税を支払いつづけたりするといった問題が生じるため、自宅の売却を検討するのは合理的ではあります。

しかし、これは慎重に行ってほしいと思います。というのも、**自宅を売却すると、介護施設がご本人に合わず「帰りたい」と訴えられたときに、自宅がない状態になります。**また、住み慣れた自宅を処分することに、心理的に抵抗を覚える人も少なくありません。こうしたことから、できれば入居して落ち着くまでは、しばらく自宅は残しておいたほうがいいでしょう。

そこで近年、持ち家や土地などを保有したまま、その自宅を担保にして銀行などから融資を受ける**「リバースモーゲージ」**という方法があります。

通常、自宅を購入するときは、銀行などから融資を得てローンを支払いつづけていきますが、リバースモーゲージでは不動産を担保に融資を受ける形になります。このことから、リバース（Reverse、逆の）モーゲージ（Mortgage、借入金）と呼ばれています。

毎月の返済は利息のみ、中には利息も借り入れ残高に組み入れることで利払いもないタイプもあります。ご本人（契約者）の死後に不動産が売却され、そこで借入金が相殺されるしくみになっています。借り入れた資金は主に生活費として使えます。

夫婦間で契約を引き継ぐことができるので、夫が契約者（借入人）の場合、夫が亡くなったあとでも、妻が契約を引き継いで自宅に住みつづけることも可能です。持ち家はあるが預貯金は少ない、子供が独立したので死亡

リバースモーゲージとは

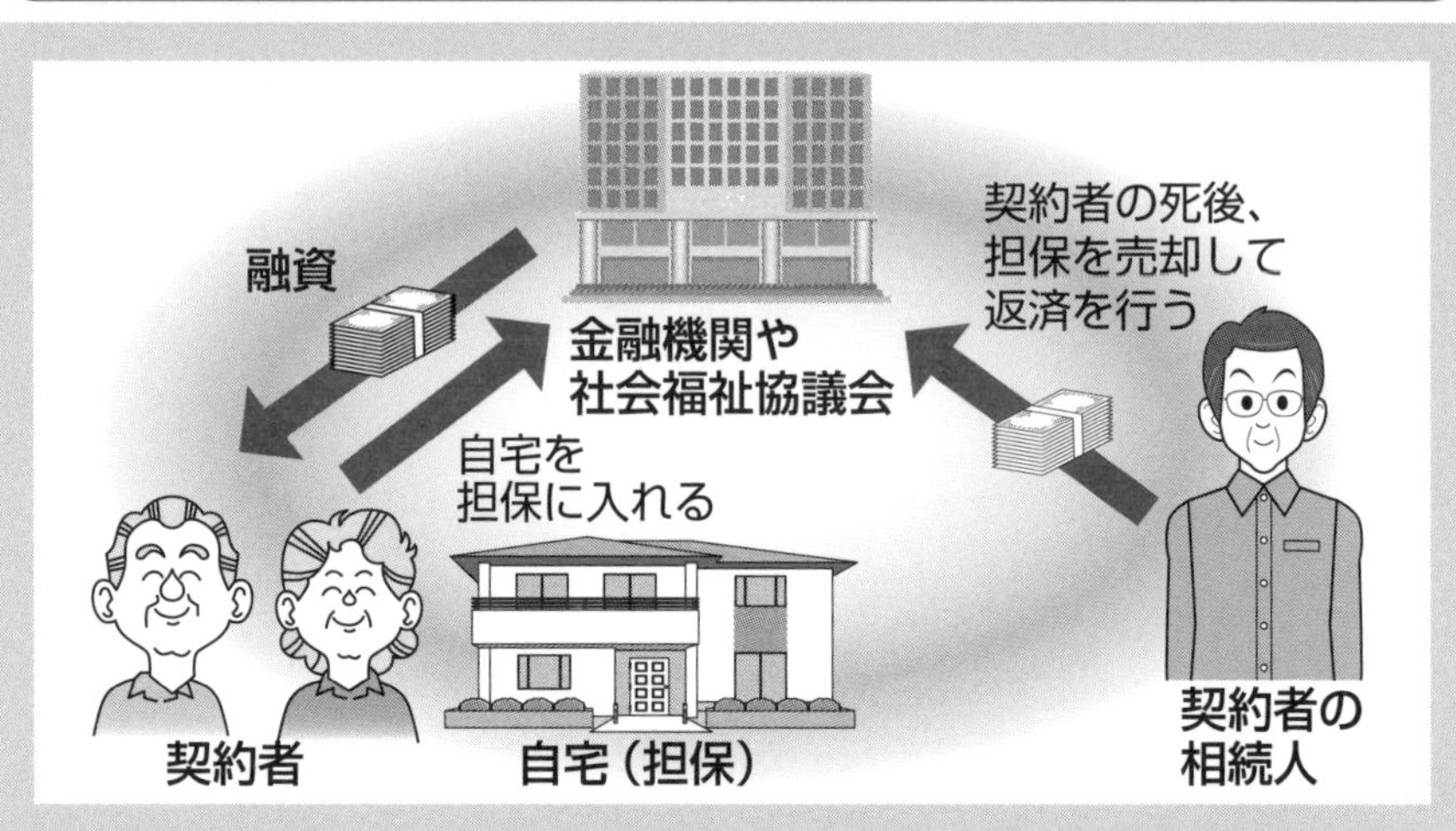

リバースモーゲージは、自宅などの不動産を担保に金融機関や自治体から融資を受ける制度。毎月の返済は利息のみ、中には利息も借り入れ残高に組み入れることで利払いがないタイプもあり、契約者の死後に不動産が売却され、借入金が相殺されるしくみになっている。

後に自宅に住む人がいない、といったときに有効な融資制度といえるでしょう。

ただし、担保となる不動産があるエリアや対象となる不動産については条件があり、その内容は金融機関ごとに異なります。

また、長生きすればするほど、亡くなる前に融資限度額に達してしまうという難点もあります。さらに、担保にしている不動産の価格が下がると、融資限度額が見直されることもあります。

リバースモーゲージを利用したい人は、銀行などの金融機関に相談してみてください。

なお、認知症になると、判断能力や意思確認の能力が不十分と見なされ、自宅を売却することはできなくなります。その場合、判断能力があるうちにご本人が署名捺印した委任状を用意し、家族や親族が代理人となって家を売却する方法があります。

また、すでに所有者が認知症となっているケースでは、「成年後見制度」の法廷後見制度を利用する必要があります。この場合、家庭裁判所が選任した成年後見人が代理人となって不動産を売却できます。

Q116 施設内で転倒してしまい、認知症が進行してしまったように思います。施設に責任は問えますか？

A 予測できたにもかかわらず起こってしまった事故は、責任を問える可能性がある。

介護施設は、利用者の安全や健康に配慮する義務を負っています。これを**「安全配慮義務」**といいます。認知症の高齢者が転倒して動けない状態になると認知機能が急速に低下するため、介護施設は利用者が転倒しないように厳重に注意を払わなければなりません。

とはいえ、心身や認知機能が衰えている人は、どんなに注意を払っていても転倒する可能性は高いので、こうした事故を完全に防ぐのは難しいのが実情です。

安全配慮義務違反に問えるのは、原則的には、施設側が事故の発生を予見できて事故を回避できる可能性があったにもかかわらず、その回避措置を取らなかった場合です。例えば、その施設内で似たケースの事故が以前にもあったり、利用者の足腰が衰えて転倒しやすいとわかっていたりしたにもかかわらず、十分な安全対策を取っていなかった場合は、安全配慮義務違反に問える可能性があります。

逆に、施設側が予測・防止ができない突発的な状況だったり、十分な防止策が取られていたりするときは、施設側の責任を問うのは難しくなります。

事故が起こった場合、施設側から事故が起こったときの状況説明と謝罪があるかと思います。そのとき、**転倒したときにスタッフは何をしていたのか、転倒直前のようすはどうだったのか、転倒後にスタッフは何をしたかを確認してください。**

施設側に不注意があったことが認められるようであれば、民事責任の追及を検討する必要があるでしょう。

事故発生時に確認すべきこと

- **事故発生時**にスタッフは何をしていたか。
- **事故発生の直前の状況**はどうだったか。
- **事故発生後**にスタッフは何をしたか。

▼

施設側に不注意・不備があった場合は、**責任を問える**可能性がある。

巻末付録 認知症に備えて家族で考える！ おひとりさまの備えにも最適！ 介護プランシート

認知症に備え、判断力がしっかりしているうちに家族とともにケアの方針を考え、医療・介護の情報について共有しましょう。「自分が認知症になったら」と想定して、利用したい介護保険サービスや生活支援サービスなどを考えて記入してください。おひとりさまは、これに記入し、地域包括支援センターなどで情報を共有するといいでしょう。

あなたの基本情報

名前・生年月日	フリガナ			（　　歳） 年　月　日生まれ	
身長	cm	体重	Kg	血液型	型　RH（＋・－）
アレルギーなどの注意点					
健康保険証	種類	番号		保管場所	
後期高齢者医療保険証	番号			保管場所	
介護保険被保険者証	番号			保管場所	

かかりつけ医の情報

病医院		診療科	
担当医		電話番号	（　　）
住　所		受診内容	

病歴

病　名	現在の状態	病医院	処方されている薬
	治癒・治療中		
	治癒・治療中		
	治癒・治療中		
	治癒・治療中		

お薬手帳の保管場所：

最寄りの地域包括支援センターの連絡先	住所
	電話番号

※コピーして使ってください。

介護の方針

受けたい介護の方針について、以下の中から該当するものにチェックしてください。

●介護を受けたい場所は?

□自宅がいい　□施設がいい　□その他（　　　　　　　　　　）

●自宅介護の場合、希望する介護者や介護サービスは?

□家族に介護してほしい（主な介護者　　　　　　　　　　）

（キーパーソン　　　　　　　　　　）

※主な介護者とキーパーソンは同じ人でもいい。

□外部のヘルパーから介護サービスを受けたい

●自宅介護では、介護サービスはどれを多く使いたい?

□自宅にきてもらう訪問型サービス（訪問介護や訪問看護など）

□日帰りで施設に通う通所型サービス（デイケアやデイサービスなど）

□施設に泊まって介護を受ける短期入所サービス（ショートステイなど）

●施設介護の場合、希望する施設は?

□サービス付き高齢者向け住宅　□特別養護老人ホーム

□介護付き有料老人ホーム　□認知症対応型グループホーム

□その他（　　　　　　　　　　）　□どこでもいい

●施設の立地の希望は?

□自宅に近い立地がいい　□別居している家族の近くがいい

□故郷がいい　□その他（　　　　　　　　　　）

●介護のお金のかけ方の希望は?

□できるだけお金をかけたい　□資金の範囲内でお金をかける

□毎月の年金でまかなえる程度　□あまりお金をかけたくない

介護に協力してもらいたい人

介護はできるだけ多くの人の協力を得ることが大切です。

家族や親戚、近隣の友達から、介護に協力してもらいたい人の名前や連絡先を書いておきましょう。

名　前	電話番号	やってもらいたいこと
※記入例 山田太郎	03（××××）0000	週末（土日）の見守り
	（　　）	
	（　　）	
	（　　）	
	（　　）	
	（　　）	

介護保険サービスが使える生活支援の希望

1人暮らしの場合、以下の生活支援が介護保険サービスの訪問介護で行えます。
要介護になったときに使う可能性の高いものにチェックしましょう。

□掃除　□洗濯　□食事の準備　□買い物（生活必需品）
□薬の受け取り　□衣服の整理・補修　□シーツ交換　□ゴミ出し

介護保険外の地域の生活支援サービスの情報

以下のサービスは、自費で利用できる介護保険外の生活支援です。

自分らしい生活を保ったり、介護者の負担を減らしたりするために使いたいものをチェックしてください。

□生活必需品以外の買い物　□同居家族のための調理・食事提供
□同居家族のための掃除　□同居家族のための洗濯　□ペットの世話
□花木の水やり　□定期的な見守り　□大掃除など大がかりな掃除
□冠婚葬祭や趣味の外出の付き添い　□訪問理美容
□話し相手　□配食サービス　□介護タクシー

介護保険外で使えるサービスの事業所名や連絡先を記入してください。

内　容	事業所名	電話番号
※記入例　家事代行	わかさライフケア	03（XXXX）0000
		（　　）
		（　　）
		（　　）
		（　　）
		（　　）

生活費・介護資金

生活費や介護資金、認知機能が低下したときの資産管理の方法について記入してください。

	生活費		介護資金		
収入	年金受給額　円／月	介護資金の総額			円
収入	その他の収入　円／月				
支出	生活費　円／月	銀行名	口座番号		
支出	その他の出費　円／月	代理人カードの有無	あり	なし	

認知機能が低下したときの財産管理

□自立生活支援事業
□家族信託　（受託者の名前　　）
□成年後見制度（任意後見人の名前　　）

著者紹介　敬称略

名城大学特任教授
いのくちファミリークリニック院長
認知症専門医

遠藤英俊（えんどうひでとし）

認知症専門医、名城大学特任教授、いのくちファミリークリニック院長。

1982年滋賀医科大学卒業。名古屋大学老年科で医学博士取得後、総合病院中津川市民病院内科部長、国立療養所中部病院（現・国立長寿医療研究センター）内科医長などを経て、国立長寿医療研究センター長寿医療研修センター長及び老年内科部長を務め、2020年３月に退職。2020年より聖路加国際大学病院臨床教授、名城大学特任教授を務め、2021年にいのくちファミリークリニックを開院。

認知症や医療介護保険制度などを専門とし、国や地域の制度・施策にもかかわりが深く、NHK「クローズアップ現代」「きょうの健康」などテレビ出演も多い。

自分と家族の
認知症の介護と手続き
名医が教える
最善の進め方Q＆A大全

2023年2月14日　第1刷発行
2023年3月29日　第2刷発行

著　　者　遠藤英俊
編 集 人　水城孝敬
シリーズ企画　飯塚晃敏
編　　集　わかさ出版　上野陽之介
編集協力　菅井之生
今飯田敦子
和田眞理
中平都紀子
装　　丁　下村成子
D T P　菅井編集事務所
イラスト　前田達彦　浅田アーサー　デザイン春秋会
発 行 人　山本周嗣
発 行 所　株式会社文響社
〒105-0001　東京都港区虎ノ門2丁目2－5
共同通信会館9階
ホームページ　https://bunkyosha.com
お問い合わせ　info@bunkyosha.com
印刷・製本　中央精版印刷株式会社

ISBN 978-4-86651-590-8

介護サービスの手続きは、お住まいの地方自治体によって詳細が異なる場合があります。事前に地域包括支援センターや役所の福祉課などに確認したうえで、手続きをお進めください。本書の内容は発売日時点の情報に基づいています。個別のご相談には応じられません。マンガや書式例の記載内容は実在する人物、住所などとは関係ありません。